出版业政府管理制度研究

齐　畅◎著

南海出版公司

2022 · 海口

图书在版编目(CIP)数据

出版业政府管理制度研究 / 齐畅著．—海口：南海出版公司，2023.5

ISBN 978-7-5735-0325-1

Ⅰ.①出… Ⅱ.①齐… Ⅲ.①出版业—行政管理—研究—中国 Ⅳ.①G239.2

中国版本图书馆 CIP 数据核字(2022)第 178148 号

CHUBAN YE ZHENGFU GUANLI ZHIDU YANJIU

出版业政府管理制度研究

作　　者　齐　畅

责任编辑　何怡欣　林丽霞

出版发行　南海出版公司　电话：(0898)66568511(出版)

(0898)65350227(发行)

社　　址　海南省海口市海秀中路 51 号星华大厦 5 楼 邮编：570206

电子邮箱　nhpublishing@163.com

经　　销　新华书店

印　　刷　三河市明华印务有限公司

开　　本　710 毫米×1000 毫米　1/16

印　　张　14.75

字　　数　176 千

版　　次　2023 年 5 月第 1 版　2023 年 5 月第 1 次印刷

书　　号　ISBN 978-7-5735-0325-1

定　　价　68.00 元

前　言

习近平总书记在党的十九大报告中指出:“文化是一个国家、一个民族的灵魂。文化兴国运兴,文化强民族强。没有高度的文化自信,没有文化的繁荣兴盛,就没有中华民族伟大复兴。”作为文化建设和文化传播的基础行业,出版业担负着在新时代推动中华优秀传统文化创造性转化、创新性发展的光荣使命和历史重任。出版业是党的宣传思想工作的重要意识形态阵地,是党领导的社会主义事业的重要组成部分。坚持党的领导,坚持正确舆论导向,是我国出版业改革和发展取得胜利的根本保证。

我国已经成为出版大国,出版业不仅是文化的主阵地之一,也是文化产业的主力军、国民经济增长的新亮点之一。但是,在这些成就的背后,出版业存在的困难和问题不可忽视。政府主导的文化体制改革进入攻坚阶段,出版管理制度发生重大变化,出版业在面临外部和内部双重压力的形势下全面启动组织结构调整。产业化是我国出版业发展的重要路径，鉴于出版业兼具商品属性和意识形态属性的特殊性，其产业化进程更加艰难，出版业制度改革和完善也更加复杂。我国出版产业发展过程中所取得的成就与所处的困境，均与出版业管理制度密切相关。因此，研究出版业政府管理制度，使出版体制改革符合产业调整实践，便成为出版研究的重要抓手。

本书运用规范研究方法、文献分析法、历史分析方法、制度分析方法等，从我国出版业发展背景入手，对出版业政府管理制度相关理论、出版业政府管理的必要性、出版业政府管理制度变迁及其路径选择、出版业政府管理现状及问题、出版业政府管理制度创新等进行分析、探究，进而对我国出版业政府管理制度改革进行展望。

根据研究思路与研究框架，本书主要研究内容如下。

第一章，绪论。阐述出版业的政治功能和社会影响力，阐明坚持和完善党对出版工作的领导，是坚持正确出版方向的政治保证。罗列出版业在改革推进过程及出版市场发展过程中出现的问题，论述出版业政府管理制度改革的必要性和重要意义。综述国内外出版业管理体制的相关研究情况，概括本书研究的主要内容和研究方法。

第二章，出版业政府管理制度相关理论分析。介绍出版业政府管理制度中涉及的相关概念，分析出版业的属性，简述政府管理和出版业管理相关概念和内容，分析出版业政府管理理论基础。

第三章，出版业政府管理的必要性分析。厘清政府管理与出版自由的关系，阐述出版自由的外延，分析政府对出版自由管理的必要性。

第四章，出版业政府管理制度变迁及其路径选择。从古代图书出版政府管理制度、近代图书出版政府管理制度、当代图书出版政府管理制度三个方面,阐述我国出版业政府管理制度的变迁。分析我国出版业政府管理制度的指导思想、模式、内容等变迁的路径选择。

第五章,出版业政府管理现状及问题分析。简要介绍我国出版业管理现状,阐述改革开放以来我国出版业所取得的成就,对我国出版业政府管理缺陷及其成因进行分析。

第六章,出版业政府管理制度创新。分析出版业政府管理制度指导思想创新,论述媒体融合背景下出版业发展路径。

第七章,出版业政府管理制度改革展望。指明出版业政府管理制度改革方向和原则,从出版业政府管理模式创新、出版业法律体系完善、出版业市场管理手段创新以及积极实施"走出去"战略等方面,对出版业政府管理制度未来进行展望。

改革才能有新局面,创新才能有大发展。出版业必须坚持以马克思列宁主义、毛泽东思想、邓小平理论、"三个代表"重要思想、科学发展观、习近平新时代中国特色社会主义思想为指导,必须以正面宣传和舆论监督为社会功能,始终把社会效益放在首位,在政治上恪守党性原则,服从、服务于党和国家发展大局,为我国改革开放和推动高质量发展提供有力的思想保证、营造良好的舆论环境,不断增强传播力、引导力、影响力和公信力,全心全意服务于人民大众。

"十四五"规划是我国全面建成小康社会、实现第一个百年奋斗目标之后,乘势而上开启全面建设社会主义现代化国家新征程、向第二个百年奋斗目标进军的第一个五年规划。"十四五"时期,站在新的起点上,我们出版人必须认真总结出版业改革的宝贵经验，从历史经验中汲取能量，坚持创新，坚定立场，把新时代出版业改革开放进行到底，为人民群众提供更高质量的出版产品和服务。让我们紧密团结在以习近平同志为核心的党中央周围，不忘初心，砥砺前行，为新时代中国特色社会主义事业提供精神力量，为传承中华文明、赓续中华文脉发挥重要作用，为实现中华民族伟大复兴的中国梦继续奋斗。

齐 畅

2022年7月

目　　录

第一章 绪　　论

第一节　研究背景和意义

一、问题的提出

2018年8月21日，中共中央总书记、国家主席、中央军委主席习近平在全国宣传思想工作会议上发表重要讲话强调："要推动公共文化服务标准化、均等化，坚持政府主导、社会参与、重心下移、共建共享，完善公共文化服务体系，提高基本公共文化服务的覆盖面和适用性。要推动文化产业高质量发展，健全现代文化产业体系和市场体系，推动各类文化市场主体发展壮大，培育新型文化业态和文化消费模式，以高质量文化供给增强人们的文化获得感、幸福感。要坚定不移将文化体制改革引向深入，不断激发文化创新创造活力。”①

“我国新闻出版业是党的宣传思想阵地，是先进文化的基本载体，是创造精神财富和物质财富的新兴产业。”②出版是关系文化传承、真理传播、科学普及和公民素质教育、社会价值塑造的文化基业，决定整个文化发展的面貌，一直受到党中央的重视。③

2021 年 3 月，中共中央宣传部在北京召开 2021 年度出版工作电视电话会议强调，要把宣传阐释好习近平新时代中国特色社会主义思想作为首要政治任务，提高政治站位，加强统筹谋划，确保编写推出研究深入、阐释到位、特色鲜明的优秀作品。要积极策划出版一批重头作品，大力唱响共产党好、社会主义好、改革开放好、伟大祖国好、各族人民好的时代主旋律。要紧扣高质量发展主题，坚定不移贯彻新发展理念，始终坚持把社会效益放在首位，切实转变发展方式，不断激发出版活力创造力，推出更多优秀作品，不断丰富人民精神世界、增强人民精神力量。要严格落实意识形态工作责任制，压紧压实企业主体责任，做到抓导向不含糊、抓管理不放松，切实管住守好出版阵地。要以党史学习教育作为有利契机，加强出版人才建设，推动出版队伍提升思想政治素质、理论水平，培养适应新时代要求的专业

① 习近平. 论党的宣传思想工作[M]. 北京：中央文献出版社，2020：341.

② 姚德权，胡建国. 新闻出版业规制及规制变革思路[J]. 财经与理论实践，2003(6)：100.

③ 柳斌杰. 深化改革　融合发展　建设出版强国[N]. 中国新闻出版广电报，2018-12-19(T02).

能力、作风面貌，打造政治过硬、本领高强、求实创新、能打胜仗的出版新军。[①]

坚持和改进党对出版工作的领导，是坚持正确出版方向的政治保证，必须坚持在党的领导下改革发展，才能保持正确的出版导向。我国出版业自20世纪80年代中期改革后得到迅速发展。从我国出版业管理体制的市场化变迁和不断放松的管理措施可以看出，我国出版业的改革与经济体制改革是相适应的，是渐进式的改革。自改革以来，我国出版业取得了很大的成就，得到了快速的发展和壮大，出版市场出现了繁荣的局面，出版业的大发展促进了我国社会文化的发展和进步。但是，我国出版业在改革发展的进程中，出版市场逐渐显现出一些问题，我国政府及相关部门应当对这些问题进行足够的重视，并想方设法进行解决。

第一，我国出版业的改革目标是出版产业得到发展并不断壮大，从而满足人民大众日益增长的精神文化需求。然而，目前出版业市场的满足率并不高，比起实际市场容量，仍存在很大差距。由于意识形态的统一需要，我国政府严格控制出版市场的进入，对出版业实行相当严苛的审批登记制度。近年来，在改革开放的推动下，一批出版机构完成了转企改制，一些大型出版集团还实现了上市，但是由政府控制的股权分配结构，以及所有制分割、地方保护、媒介分离、行业分割等现象一直没有得到根本改善。

第二，关于我国的出版市场究竟是垄断性出版市场还是竞争性

① 2021年度出版工作电视电话会议在京召开[N].光明日报，2021-04-01(3).

出版市场的问题。《中华人民共和国2021年国民经济和社会发展统计公报》统计数据显示，在图书、期刊出版方面，2021年全年我国出版各类报纸276亿份，各类期刊20亿册，图书110亿册(张)，全国人均图书拥有量为7.76册(张)。[①] 但是，我国仅有587家图书出版单位，相对于其他出版大国来说，数量少了很多。我国的出版市场属于垄断性市场。同时，我国出版市场存在很多问题：大量的库存图书；相似的选题；相近的内容；越来越低的发行折扣；越来越长的结算周期；市场竞争非常激烈；市场发育不够完善；在人均年购买图书量和人均图书占有量方面，与全球其他国家相比，均排名靠后。面对种种问题，我国出版单位开始进行体制改革，但更深层次的问题也逐渐显现。

出版业问题的重要性体现在，它们关系到如何进行出版业制度改革以及如何维持出版市场的繁荣发展。多年的改革实践证明，制度属于生产力。任何一个产业的发展和繁荣必然与制度紧密相关，出版业也不例外，先进的制度是出版业改革发展的强有力支撑和保障。出版业的改革要从制度入手，要看到制度这个内生力量在出版业改革过程中发挥的重要作用，要让先进的制度从根本上不断推动出版业的可持续发展和健康发展。因此，本书关注的焦点放在从理论上研究出版业政府管理制度的改革与创新。

① 国家统计局. 中华人民共和国2021年国民经济和社会发展统计公报[J]. 中国统计，2022(3)：20.

二、研究的意义

我国出版市场之所以会出现一系列问题，根源在于计划经济体制与市场经济体制之间的冲突，这是出版事业向出版产业转型过程中必须面对和解决的问题。因此，只有推进出版业政府管理制度的创新和改革，才能规范出版业垄断与竞争、政府与市场的关系，这既是理论课题，也是实践课题。

（一）现实意义

对出版业的行政管理是我国党和政府执政能力的重要体现，有效的出版管理在我国政府保证执政安全、巩固执政地位、防范执政风险方面发挥着举足轻重的作用。

一直以来，党和政府以及出版业理论界和实务界，对从根本上改变"一管就死，一放就乱"的传统出版行政管制局面，以及如何构建规范、高效、张弛有度的出版管理体制高度重视和关注。我国实行了多年的改革开放，社会主义市场经济建设获得了巨大成就，社会发生了深刻的变革，出版业承担着传播主流意识形态、弘扬时代主旋律、传导正能量的重任，同时在传承中华优秀文化、资政育人、创新理论、传播信息、服务大众、服务社会等方面也发挥着巨大的功能。

社会主义市场经济体制不断完善，对外开放的步伐不断加快，出版业却迟迟没有"走出去"，而国际资本不断显示出"闯进来"的攻势。滞后的出版体制已经不能适应改革发展的需要，不能满足社会主义市场经济发展的需求，不能跟上我国全面建成小康社会和创新型国家的步伐，也不能充分体现出我国发展先进文化的要求。随着全球经济的发展，文化在综合国力竞争中发挥着越来越突出的作用，文化的国际地位不断凸显。相应的，出版业的发展水平，直接反映了一个国家政治、经济、文化的发展水平，对一个国家的政治稳定、经济发展、文化繁荣产生至关重要的影响，是一个国家文明进步的重要标志之一。

言论自由是宪法赋予公民的一项基本权利，其中最为重要的两项权利是出版自由和言论自由。公民要实现言论自由，必须有一定的载体，出版是公民实现言论自由的载体和保障。只有保护好登载言论的各类传播媒介，如图书、报纸、杂志、广播、电视、电影、网络等，才能保障公民实现言论自由。因此，保障出版自由的实现，是充分实现言论自由的前提。一般而言，出版自由涉及的人群比较广泛，如言论表达者，图书、报纸等大众传播媒介中的编辑、发行等工作人员，以及广大受众等，而言论自由仅涉及言论表达者和广大受众。

由于出版法律体系的不健全不完善，我国出版业管理制度存在很多问题，如政府相关部门对出版业的产业属性不够重视；相关部门对出版业从业者的利益过于保护，遏制了出版业的竞争；对出版产品的内容界定过于简单，使出版市场需求不能得到满足；出版产品相关规范缺失，价格体系没有形成，导致定价混乱等。

实践证明，如果政府对产业发展中的行为能够进行有效的监管，将有利于该产业的有序健康发展，市场中的不良行为就能得到最大限度地减少；反之，如果政府在产业发展中的监督管理行为是低效甚至无效的，就会阻碍该产业的发展，进而影响一个国家的经济发展。鉴于出版业在国家经济、政治、文化发展中的重要地位，如果政府能对其进行科学、合理、高效的管理，不仅能够促使出版业健康稳定的发展，更能促进国民经济的持续健康发展，促进我国各项事业高效创新管理体系的构建。因此，创新出版业政府管理制度改革迫在眉睫。

目前，我国文化体制改革进入全面攻坚阶段，政府对出版业的管理发生了重大变化，出版业在面临外部和内部双重压力的形势下全面启动组织结构调整。因此，研究出版业政府管理制度，使出版管理体制改革满足我国产业调整的实际需求迫在眉睫。产业化发展是我国出版业改革创新的重要路径，政府管理制度创新是出版业改革发展的重要支撑。我国出版业发展过程中所取得的成就、所遇到的问题和困境，都和我国出版业政府管理制度密切相关，因此，出版业政府管理制度应是出版研究的重要抓手。

随着出版产业改革的不断深入，政府管理制度越来越应该得到重视，政府管理制度决定了出版产业的发展方向、发展程度及发展速度。鉴于出版业兼具商品属性和意识形态属性的特殊性，其市场化、产业化进程比国企改革更加艰难，出版业制度改革和完善的复杂性是我国出版产业化进程的最独特之处。因此，明确我国出版业这些特点后，对我国出版业政府制度研究才能切中肯綮。

本书侧重研究出版业政府管理制度变迁及其路径选择、出版业政府管理现状及问题分析、出版业政府管理制度创新等，旨在为解决出版业管 理体系中显现的问题提供一些思路。

(二) 理论意义

第一,出版业政府管理制度的改革和创新需要理论支持。出版业政府管理制度变迁及路径选择是本书研究的一个重要方面。人类社会发展的历程中,时刻伴随着制度的变迁和创新。

目前,我国经济体制改革不断深入,对出版业政府管理制度的研究顺应了我国经济体制改革的时代潮流。在我国经济体制的改革和创新过程中,各个行业领域的制度都在寻求变迁、创新和不断完善,出版领域的管理制度也在此行列中。改革开放 40 余年来,我国在各领域尤其是经济领域的发展中取得了巨大的成就、积累了很多宝贵的经验,因此经济制度的发展创新理论可以为出版业管理制度的改革创新提供一定的借鉴和经验。然而,出版领域与经济领域有所区别,出版业在具有商品属性的同时,还具有意识形态属性,因此,出版业政府管理制度的改革和创新不能完全按照经济领域的管理制度进行改革。

改革开放以来,我国出版业政府管理制度在改革创新方面不断探索,学术界对出版业政府管理制度也不断进行研究,取得了一系列成果,并在管理实践中获得了丰富的经验,但是,在检索、收集理论研究成果的过程中发现,很多学术研究成果是对出版法治建设以及如何执法的探索和总结,研究探索出版业政府管理法治化的理论和成果并不多见或者比较浅显。

目前,出版业管理体制并不完备,因此对出版业政府管理制度的改革、创新和完善是当前及今后一段时期我国出版体制改革工作的重要方面。因此，本书对我国出版业政府管理制度的变迁与路径选择，以及出版业政府管理制度的改革和创新进行重点研究，是对出版业政府管理制度改革的有益探索，能够为我国出版业政府管理制度改革提供一定的理论依据。

第二，出版业政府管理制度的改革和创新需要基础理论的研究。

我国出版业政府管理制度变迁与选择具有强制性的特点，党和政府在出台相关政策、制定相关制度时，主要依据出版业发展的现实情况。因此，基础理论研究的任务毋庸置疑地落在学术界。本书尝试在界定相关概念、分析相关理论的基础上，运用制度变迁、选择和创新等理论，剖析目前出版业政府管理制度的问题，研究出版业政府管理制度发展与变迁的规律，探讨出版业政府管理制度改革的方式方法。

第三，我国出版业政府管理制度的改革和创新应遵循“百花齐放，百家争鸣”的方针。

1956 年 4 月 28 日，毛泽东在中共中央政治局扩大会议上提出：艺术问题上百花齐放，学术问题上百家争鸣，应该成为我们的方针。[①] 1957 年 2 月 27 日，毛泽东在最高国务会议第十一次（扩大）会议上再次强调，百花齐放、百家争鸣的方针，是促进艺术发展和科学进步的方针，是促进我国的社会主义文化繁荣的方针。[②]

“百花齐放，百家争鸣”是我国文化领域的一贯方针，是制定党和

① 毛泽东. 毛泽东著作选读：下册[M]. 北京：人民出版社，1986：720.

② 毛泽东. 毛泽东著作选读：下册[M]. 北京：人民出版社，1986：783.

国家发展路线方针、繁荣社会主义先进文化的利剑。当前的文化改革，包括出版改革，缺少观点的论争与交锋，理论准备不足，学术观点趋同，远远没有达到“百花齐放，百家争鸣”的局面，这对文化大发展大繁荣的推进将产生一定的阻碍。因此，学术界和理论界在宣传和研究国家的方针政策的同时，还应该从不同的视角提出不同的方案，对行政部门制定的方案应该深入研究、评价甚至批评，从而形成官方与学术界的良性互动。

因此，研究出版业政府管理制度，对拥护党的领导，坚持正确的舆论导向和出版导向，繁荣社会主义先进文化，推进社会主义事业的建设与发展，抓住经济全球化发展机遇，深化我国出版业体制改革，维护出版市场良性竞争秩序，规范出版市场行为，在理论上和实践中都具有较大的意义。

第二节　国内外研究综述

一、国外研究现状和发展动态

国外学者对出版业的研究多集中在出版自由和出版业发展方面，对政府如何管理出版业很少有深入、系统的研究，其原因主要在于新闻自由理念和出版自由理念对西方的影响。国外政府对出版的管理主要表现在登记制度和追惩制度上，政府对出版企业和出版市场的管理较为宽松,没有严格的管制和审查制度,图书只是一种普通的经济商品由市场进行调配,并在市场中自由流通。

(一) 出版自由学说

出版自由源于英国学者约翰·弥尔顿的《论出版自由》。在该作品中,约翰·弥尔顿指出,一切出版管制均是对人性和尊严的漠视和轻蔑,对人权的弑毒和侵害。他大声地呼吁:决定真与假,什么应该出版和什么应该禁止的权力不应该放在少数检查图书的检查者的手里[①],作者或出版者应该自己掌控出版的权力。他还指出,言论出版自由是诸种自由(如财产、经济活动、婚姻等)中最重要的自由。但是,约翰·弥尔顿同时明确强调,应通过法律手段对出版进行约束和管制,所谓的"出版自由"是一种相对的"自由","自由讨论的权利可以加以限制"[②]。

詹姆斯·密尔在其作品《论出版自由》中,试图论述什么是对政治自由真正的威胁,公民、政府和出版业的关系应如何自处与相处,他将个人意见的表达自由看作是一项受到法律绝对保护的权利,尝试建立一种对言论和出版自由进行评判的标准和一种新闻出版侵害的惩罚和免责模式。[③]

约翰·斯图尔特·密尔作为19世纪英国言论自由的集大成者,在《论自由》一书中明确提出自己的观点:言论自由对好政府的生存

① 弥尔顿.论出版自由[M].吴之椿,译.北京:商务印书馆,1959:18.

② 施拉姆.报刊的四种理论[M].中国人民大学新闻系,译.北京:新华出版社,1980:51.

③ 密尔.论出版自由[M].吴小坤,译.上海:上海交通大学出版社,2008.

必不可少，若言论有碍于社会的发展，理应对其加以限制。他相信，只有通过言论出版自由，人的价值才能得以体现，人才能成为真正意义上的人，并通过更多的行为方式，以实现公众的普遍利益。①

20 世纪中叶，美国著名哲学家亚历山大·米克尔约翰在《表达自由的法律限度》中构建了一套关于表达自由的理论框架，指出言论自由和新闻出版自由是民主体制得以顺利运转的必要条件。②

美国学者欧文·费斯在《为什么是国家》(*Why the state*)中指出，不同于传统出版自由理论长期将出版自由与国家和政府规制置于对立面，当今政府也可作为自由来源，利用政府规制弥补市场缺陷以扶持新闻出版自由，尤其当私人传媒损害了言论出版自由的时候，政府规制正是确保公平公正、维护新闻出版领域民主参与的重要保障。③

(二) 国外出版业管理研究现状

国外政府对出版业的管理经历了从放松管制到重新管制的过程。

美国康奈尔大学经济系教授卡恩在其著作《管制经济学：原理与制度》中，深入研究了传媒、交通、通信、金融等领域的传统经济性管制理论和实践应用，他认为政府的管制可以有效弥补由于市场自身缺陷而带来的损失，进而维护广大公众的利益不受侵害。④

---

① 密尔. 论自由[M]. 程崇华，译. 北京：商务印书馆，1982.

② 米克尔约翰. 表达自由的法律限度[M]. 侯健，译. 贵阳：贵州人民出版社，2003.

③ 转引自汪庆华. 言论自由与国家角色：科斯 V. 费斯[J]. 政法论坛，2009，27(4)：154-157.

④ 转引自臧传琴. 政府规制：理论与实践[M]. 北京：经济管理出版社，2014：98-103.

法国传播学家让·诺埃尔·让纳内在其著作《西方媒介史》中，系统梳理了美国、法国、英国等国家的传媒发展史，他指出随着西方传媒产业的不断发展，关于西方传媒规制理论的研究也在不断深入，西方各国政府对传媒的规制目的和规制手段不断调整，从而有效促进传媒发展与规制的协调关系。[①]

英国传播学家丹尼斯·麦奎尔出版了《麦奎尔大众传播理论》，他在书中指出，随着传播技术的不断发展，大众对媒介的选择范围更广，从而使所有权的限制失去意义。由此可以看出，西方国家政府的政治作用在出版业管理过程中逐渐弱化，而行业自律和行业协会组织发挥着越来越大的作用。[②]

英国学者鲍勃·富兰克林在其著作《新闻学关键概念》中指出，1991年，英国成立了报刊投诉委员会，作为行业自治机构，其职责是调解媒介与公众之间的矛盾，以行业自律取得新闻自由。富兰克林认为，报刊投诉委员会发挥的调解作用，在减少社会公众对报纸及杂志进行投诉的同时，也有效避免了政府对新闻出版业的强行干预。[③]

但是，随着新技术、新媒体的发展，媒介传播慢慢陷入了无序发展与失控的状态。

美国学者韦恩·奥弗贝克发表著作《媒介法原理》，他在书中对美国媒介法律体系和新闻自由的来由做了详细阐述，论述了出版传

① 让纳内.西方媒介史[M].段慧梅，译.桂林：广西师范大学出版社，2005.

② 麦奎尔.麦奎尔大众传播理论[M].崔保国，李琨，译.北京：清华大学出版社，2006.

③ 富兰克林.新闻学关键概念[M].诸葛蔚东，等，译.北京：北京大学出版社，2008.

媒产业的管制和版权问题，系统分析了当代信息产业的传播自由问题，梳理了媒体数字化相关法律法规和政府管理的相关问题，并且，奥弗贝克通过对美国最高法院近年来判决的传媒产业相关案例的研究，证实了美国政府对当代出版传媒产业的管制。①

大多数国家尤其是发达国家的出版业管理体系的形成大多经历了一个较长的演变过程。在出版业的管理历史上，国外曾经尝试多种管理制度，如审查制度、特别许可证制度及保证金制度等。

18 世纪后，出版自由制度在发达国家中产生并逐步施行，行政主管部门开始对出版业实行登记制度，这便使国外形成了与出版业登记制相配套的国家宏观管理体系。国外出版业管理体系可以概括为三大部分，即：政府宏观调控管理体系、法律法规管理体系以及行业组织管理体系。

行政手段在国外出版业宏观管理体系中只是处于从属地位，大多数国外政府对出版业的宏观调控主要分为三种类型。

第一，政府不设立专门的部门作为出版管理部门，出版业的各种行业组织负责承担出版宏观调控。这些行业组织的主要职责是协调政府制定出版法律、法规，并监督各出版企业执行这些法令；指导各出版企业开展各项业务；规范出版企业的经营行为；代表出版企业与各部门、各行业（包括政府）做好协调工作；组织各出版企业进行各项活动，包括国际交流活动、员工培训活动、行业内部的经验交流活动。这是大多数国外政府对出版宏观调控所采取的方式。

① 奥弗贝克. 媒介法原理[M]. 周庆山，等，译. 北京：北京大学出版社，2011.

第二，政府设立专门的出版管理机构，其主要职责只是负责版权登记，与出版企业之间没有行政隶属关系，与出版行业组织共同负责对出版业的宏观调控。例如，法国文化部下属的图书与阅读司是法国出版行政机构，它的主要职责是听取法国出版业和发行业的行业组织的建议，向他们传达法国政府的决议，确定图书政策和实施办法；制定出版法律、法规；帮助出版商开展版权贸易；扩大图书馆网络，提倡群众广泛阅读；向文化部提供出版研究数据和资料，协助制定出版政策。日本文部科学省文化厅是日本出版行政机构，其主要职责是制定出版政策但不干预出版企业的经营；审定日本小学教科书；资助学术出版；监督出版企业经营活动的合法性。

第三，政府没有设立专门的出版管理机构，但是运用其他职能部门分散地对出版业进行管理。例如，美国版权局是美国国会图书馆的服务机构，职责有负责版权登记、针对版权政策的制定和修改向国会提出建议、建立版权信息库、维护本国作品在国外的权利，但不干预出版企业的出版活动。

在查阅文献的过程中，发现国外对出版业管理体系的研究资料多倾向于对出版社的经营管理和营销管理两个方面，虽然谈及出版社之间的相互关系、出版政府公关、出版企业和行业协会的关系等，但其主要目的是研究出版企业的营销策略和经济效益，很少有资料专门研究行政主管部门对出版社的行政管理。究其原因，主要是国外出版业的管理制度、体系和运作模式与我国有很大差别。国外出版社等同于一般企业，只要按照规定进行登记后，便可以自主经营。

综合各种文献,可以总结出国外出版业的管理主要包括两方面内容:第一,出版社的管理模式、经营模式以及与出版相关的技术;第二,文化领域内的法律和法规。

从出版业的宏观管理体系上来说,国外出版业的管理体系经历了从预防到追惩的发展历程,而我国政府对出版业的宏观管理则经历了从教育事业单位的单纯性改革到事业单位企业化管理,直至目前完成的出版社转企改制后的经营性企业。

(三) 我国学者对国外出版业管理的研究

余敏认为,各国出版行业在行政管理上形成了各自的特色。第一,行业自我发展迫使政府降低行政干预力度,如英国的出版业。第二,政府为了发挥新闻出版业的政治作用大力外推出版业,以美国为代表。第三,东欧剧变后,东欧国家对出版业的全面行政管理逐渐向法律、市场体系转化,如俄罗斯。[①] 这一研究,对我国进一步深化出版监管体制改革具有一定的借鉴意义。

李祥洲在《国外出版业宏观管理体系探析》一文中详细阐述了发达国家的图书管理体系。[②] 如法国文化部的图书与阅览司负责管理法国国家图书馆和出版企业,职责范围包括对图书的创作、图书的出版、图书的发行等多个方面,还负责管理图书的阅览工作。但是,法国图书的出版、发行和销售大多由私人企业经营。另外,李祥洲通过研究发现,美国、英国、德国等国家主要通过财政拨款、相关税收以及

① 余敏. 国外出版业宏观管理体系研究[M]. 北京:中国书籍出版社,2004.

② 李祥洲. 国外出版业宏观管理体系探析[J]. 出版科学,2004(5):42-46.

立法等实现对出版的管理，而没有设立专门的出版管理职能部门。如美国之前设立的新闻总署仅为文化学术交流部门，不具有出版管理的职能，负责美国的对外宣传工作，并且已在美国国家机构改革中并入国务院；英国设有文化委员会，负责指导英国的出版业工作，职能包括制定与出版相关的政策、印刷并发行出版宣传品、资助出版产品的出口贸易、与出版商协会一起拓展国际市场等；德国则仅有出版行业组织对出版业进行管理，如德国书业协会等。

何莉、张敏勤在《外国出版管理体制研究及其对我国出版业的启示》[①]一文中，从三个方面详细论证了国外出版业迅速发展的原因，包括政府对出版业实施的有效管理、健全的法律规范体系以及政府对出版业的经济支持。

此外，罗紫初的《中外出版业经济政策比较》[②]以及周霞、徐强平的《中外出版行业协会发展比较研究》[③]等文章，均对国外出版业宏观管理进行了深入的研究，详细阐述了国外尤其是发达国家现行的出版宏观管理体制，包括行政管理、法律管理、经济调控以及行业监管，明确指出了我国图书出版监管与国外的不同之处，分析了国外目前图书出版监管体制的优越性和我国监管机制的局限性。

何明星、李爽在《“小舢板”何以闯大洋？——国外中小出版社的

---

① 何莉，张敏勤. 外国出版管理体制研究及其对我国出版业的启示[J]. 编辑之友，2008(3)：88-90.

② 罗紫初. 中外出版业经济政策比较[J]. 大学出版，2004(1)：29-32.

③ 周霞，徐强平. 中外出版行业协会发展比较研究[J]. 大学出版，2005(2)：23-26.

发展之路考察》中,阐述了法国出版社的发展特色。[1] 在法国,注册的出版企业有 7 000 家左右,而中小企业占到 80%左右。不同的出版企业在不同的领域占据优势。如在教育、科技、语言等领域,资本雄厚、规模较大的出版集团占据绝对优势,而在创新性领域中,如文学、哲学、艺术等领域,中小出版企业具有绝对话语权。

何明星、李爽总结了法国出版界的三个特点:第一,法国出版企业的奠基者大多为学者、教授或自由职业者,这些人大多数出身于书香世家,经济实力较为雄厚,专业素养相对较高,他们不需要其他机构的经济资助,不受任何政治利益的驱使,自己掌控出版权利。第二,法国政府对出版市场的支持力度较大。法国出台的《雅克兰法》在图书零售方面明确规定,限制零售书商随意降价。法国还设立了政府文化基金,对本国出版的图书,由政府出资补贴面向全世界范围推广。第三,民间出版协会组织对版权保护和使用等发挥较大的作用。如早在 1838 年组建的法国文人协会、1850 年组建的音乐出版者协会等,他们负责与世界各国政府或者出版机构联系,在版权保护与转让、使用等方面,帮助本国出版企业或著作权人签署协议,以保护本国作者和版权者的合法权益。大量法国中小出版企业在良好的社会文化氛围中得到了健康的发展,并形成了各自的特色。

雷永利、樊娟在《国外知名大学出版社管理模式探究》[2]中,通过

---

① 何明星,李爽."小舢板"何以闯大洋?——国外中小出版社的发展之路考察[J].出版广角,2012(8):35-40.

② 雷永利,樊娟.国外知名大学出版社管理模式探究[J].出版发行研究,2017(8):81-84.

对国外四家知名大学出版社的研究，深入分析了他们的管理模式，并总结出国外大学出版社在管理模式方面的共性特征。比如，国外知名大学出版社在内部管理制度建设方面非常重视创新，注重品牌的打造和品牌质量的提升，对业务流程强调优化，并善于调动各方面的力量进行监督。

雷永利、樊娟在文中详细介绍了牛津大学出版社的管理模式。牛津大学出版社于 1478 年成立，是英国出版社中历史最为悠久、规模最大的大学出版社。牛津大学出版社作为牛津大学的一个机构，始终将学术出版作为自己的发展方向，并力图在学术建设方面发挥中流砥柱的作用。经过数百年的发展，牛津大学出版社在学术出版质量和经营盈利方面都取得了卓越的成绩，居于世界领先水平。

自成立以来，牛津大学出版社逐步形成了一套科学、高效的管理机制。为了对出版内容质量进行严格把关，牛津大学出版社建立了两个委员会，即代表委员会和监督委员会，并把其作为出版管理体系中的重要环节进行推进。在两个委员会管理模式的约束下，牛津大学出版社在社会层面和业务层面分别构建了相互制约和监督的管理方式。代表委员会由牛津大学里各学科的20 位专家学者组成，他们始终保持着自己的独立性和权威性。牛津大学出版社社长仅对出版社的日常经营工作和业务管理工作负责，而不具有代表委员会的管辖权。牛津大学出版社的方针政策的制定和发展走向由代表委员会决定。代表委员会负责出版社选题计划的审核工作，有权邀请作者参加选题论证会，提交相关选题提案，对选题的内容质量和出版价值，从多个层面进行全面审核和论证，从而保证选题计划的质量。代表委员会制度使牛津大学出版社在内部管理和出版质量审核方面始终保持独立性，对出版选题的质量起到了极大的保障作用。监督委员会是牛津大学出版社两个委员会管理模式中的另一个重要分支。牛津大学校长及教职工代表组成了监督委员会，由牛津大学校长主持开展工作，主要负责研究出版社的出版走向，对出版社内部监督工作进行统筹规划，对拟出版的作品必须呈送监督委员会审核和批示。监督委员会成员除了履行监管职能以外，在业务方面为出版社编辑提供学术帮助，与出版社编辑之间保持业务往来关系。监督委员会与出版社其他部门的关系是相互联系、相互制衡。

另外，牛津大学出版社还构建了团体审稿机制，主要表现在两个方面。第一，代表委员会在选题的审核方面会邀请相关领域的专家学者参加选题论证会，请专家学者对选题的内容和质量发表专业和权威的意见，以利于出版社编辑将意见反馈给相关作者，并及时进行修改，从而保证选题的质量。第二，对选题的学术质量问题，监督委员会常常会邀请相关专业的权威协会进行审读，并提供反馈意见，以利于出版社编辑和作者进行正确的修改，这保证了牛津大学出版社的高水平专业出版质量。

（四）国外出版业管理经验借鉴

尽管在国外文献中鲜有出版业管理方面的文章，但是在研究过程中可以参考国外有关政府对产业管理的相关理论。例如，在自然垄断行业，为避免垄断者提高价格而损害消费者福利，政府实施价格规制。这一理论被称为规制的公共利益理论。有一些是针对具有公共产品性质的公共部门和公用事业的规制;有一些是针对外部性的规制,包括具有精神产品的规制和有关环境污染的规制;还有一些是针对信息不完全和不对称的规制。[①] 这些理论的引入,对研究我国出版业政府管理机制具有理论作用和意义。

1. 美国出版业管理经验

美国出版业位居世界前列,在18世纪中期就建立起了宪法保护出版自由的体制,目前已形成了较为有效的出版业管理模式。

(1) 美国出版业的管理主体

① 政府管理机构

美国政府对出版业没有设立专门的行政管理机构,而是利用各个不同的职能部门分散地对出版业进行行政管理。

美国版权局。美国版权局对出版业实行版权登记制度,这是其主要职能。美国版权局对出版业的行政管理还包括研究、起草相关法律法规,建立版权信息数据库,与其他国家的出版行政机构进行对接、合作,促进图书出版的国际交流等。但是,美国版权局不具有版权的执法职能。

美国新闻署。美国新闻署不属于政府行政管理部门,而是文化学术交流机构。这一点,与我国国家新闻出版署有显著差异。美国新闻署对外负责树立美国的国家形象、宣扬美国的文化,对美国出版

---

① 王晨. 中国出版业的产业竞争与政府规制[M]. 北京:中国书籍出版社,2009.

的文学作品和学术作品等进行资助，从而推动美国的出版产品更好地走向世界。

美国版税裁判所。美国版税裁判所是美国国会的下属机构，其主要职能包括调整版税、解决与版税相关的纠纷、裁定版税交付事项等。

其他政府部门。美国还有其他一些政府部门协助出版业进行行政管理，如警察部门、教育部门、海关部门等，它们分别履行查处非法出版物、管理教科书、监管进出口出版物等职能。

② 民间管理机构

美国的行业自律制度和行业服务体系非常完善，出版行业协会作为出版业的行业自律组织也不例外。如美国大学出版社协会、美国书商协会等，它们部分地代替政府履行行政管理职能。一方面，这些出版行业协会通过内部管理模式，规范自身的职业道德建设，对协会会员的利益实施保护，集中会员力量与政府进行对话和谈判，在政府和法律方面寻求实质性的资助和支持；另一方面，他们在很大程度上代替政府履行管理职能，促进图书出版产业的交流和发展等，如对从业人员进行职业技能培训、开展出版产品的评定活动、举办文化节和书展活动等。

（2）美国出版业的管理方式

① 登记制度

美国出版单位与其他行业企业一样准入制度非常简单，它们只需在版权局进行登记即可进入市场，不需要进行专门申报、审批。

② 激励制度

美国政府为了推动出版市场的繁荣发展，对出版业推行各种激励机制。在税收方面，对营利性出版单位，美国政府征收一定的所得税；对非营利出版单位，美国政府在进出口业务方面实行免予征收所得税的政策。同时，美国政府积极设立各类基金会，以便更好地对人文社科类图书、科学技术类图书、教育培训类图书等进行资助。

③ 法律制度

美国没有专门的出版法律法规，主要是通过宪法的约束和判例法案体系等解决出版相关法律问题，如解决出版部门与政府之间的利益冲突、出版与其他权益之间的纠纷等。

④ 追惩制度

对出版物的内容，美国政府在出版之前没有审查制度，而是在出版之后实行追惩制度。美国政府有权对已出版的产品进行审查，对违反国家相关法律的出版产品，会依法进行处理。比如，对含有泄露国家机密、煽动暴力推翻合法政府等危害美国国家安全内容的出版产品，美国政府会依据国家保密法、间谍法等相关法律予以查处，以维护美国国家安全。

2. 法国出版业管理经验

法国政府对文化市场的发展实行的是政府管理，反对自由贸易，并利用完善的法律体系对出版业予以监督和管理。相对于其他产业的自由发展、自由贸易，法国政府在文化产业上实行的是“文化例外”。

（1）法国出版业的管理主体

① 政府管理机构

法国政府设有专门的出版管理机构，即图书与阅览司。这在发达国家中比较少见。图书与阅览司是法国文化部的下属部门，其主要行政职能是信息服务和公众服务。

第一，国家在制定出版业发展政策时，图书与阅览司负责提供各项数据。

第二，为促进出版业发展，图书与阅览司借助于国家出版中心为出版机构提供各种资助，尤其对出现生存危机的中小图书出版机构，图书与阅览司会实行重点扶持。同时，为促进法国出版业参与国际交流与竞争，图书与阅览司会进行间接的资金支持。

第三，为积极营造阅读氛围、促进全民阅读，图书与阅览司对公共图书馆实行全面管理和指导。

第四，图书与阅览司与出版行业相关组织保持紧密联系，与政府开展对话和谈判，以期在法律、资金等方面寻求实质性的资助和支持。

② 民间管理机构

法国出版行业的民间管理机构主要是数量众多的行业协会，如法国全国出版联合会、法国出版推广协会、法国书商联合会等。他们接受政府的委托，履行半官方的职能。例如，新闻出版机构对等人数委员会主要负责贯彻法国政府对出版业的财政和税收支持政策；法国出版推广协会接受法国文化部的委托和资助，负责法国出版业的对外合作与交流、组织图书展览活动、与国外出版机构开展版权贸易等。

（2）法国出版业的管理方式

① 登记制度

法国政府对出版机构没有设立专门的机构进行管理，出版机构的设立实行登记制度，不需要进行专门审核和批准。但是，法国政府反对出版市场进行自由贸易。

② 激励制度

法国政府对出版业大力推行激励机制。一方面，法国政府为推动出版业发展壮大，对出版业实行财政税收方面的优惠政策，降低相关税费；另一方面，法国政府建立图书文化基金，对遇到困难的出版机构给予资金上的帮助。

同时，法国政府对中小出版机构实行保护政策，每年都从财政资金中抽取一定的数额对其图书出口业务进行资金补贴。

③ 法律制度

法国政府在出版领域建立了较为完善的法律体系。这些法律法规明确规定了有关出版自由、版权备案、版权贸易方面的内容，对出版机构的权利和义务做出明确规定。同时，对危害国家安全、泄露国家机密、危害青少年健康的内容，法国政府通过一系列法案进行禁止，以维护国家利益和社会公共利益。

法国出版相关法律包括《出版自由法》《法国知识产权法典》《价格和竞争自由法令》《关于新闻多样化和公开性的法律》等。

3. 韩国出版业管理经验

(1) 韩国出版业的管理主体

① 政府管理机构

对出版业,韩国政府设立了专门的行政管理部门:韩国文化观光部。韩国文化观光部根据著作权法,下设著作权委员会,对出版业进行监督和管理。著作权委员会属于政府法定机构,兼有官方色彩和民间色彩,主要负责出版机构的法定许可、登记著作权、调解著作权纠纷、制定著作权侵权的赔偿标准、助推著作权的学术研究等。

② 民间管理机构

韩国出版业的民间管理机构依据法律设立,在公信力方面拥有与政府等同的权威,虽然不属于政府机构,却具有公共机构的特征。因此,韩国的出版民间管理机构不同于其他国家的出版行业组织。

言论仲裁委员会。根据《媒体仲裁法》设立的韩国言论仲裁委员会,其主要职能包括受理公众、企业对出版机构的投诉和对出版侵权造成的纠纷进行调解等。该委员会的公信力和权威性非常高,其调解的结果甚至会对韩国法庭的裁决产生直接影响。

出版物伦理委员会。根据《出版及印刷振兴法》设立的韩国出版物伦理委员会,其主要职能包括代表韩国政府审查出版物中是否存在违反法律的各种有害信息,如果发现出版物中存在有害信息,则会根据审查结果及有害信息涉及的范围、可能造成的影响等因素,依法对出版者做出提请注意、给予警告、要求更正、要求谢罪等处罚。

（2）韩国出版业的管理方式

① 登记制度

韩国政府对出版单位实行简单的准入制度，出版单位只需进行登记即可进入市场，不需要进行专门申报、审批。

② 激励制度

韩国政府对包括出版业在内的文化产业大力推行激励机制。韩国政府设立文化产业振兴基金对出版业在税收方面给予大力支持。同时，韩国政府在财政方面投入大量的资金，以官方合作或者民间合作的形式，对文化产业项目给予投资和扶持。

③ 法律制度

韩国在出版业方面构建了全面完善的法律体系。韩国政府以宪法作为基本法为图书出版自由提供基础性保障。在文化产业领域，包括出版产业领域，韩国政府制定了《文化产业振兴基本法》，从而以法律的形式对文化产业发展进行保障。《文化产业振兴基本法》明确规定政府对文化产业机构的支持标准和扶持力度，并要求政府针对文化产业的发展制订相关计划、明确计划的实施步骤等。韩国出版业相关法律还包括《出版及印刷振兴法》、关于保障新闻等的自由和职能的法律等。同时，韩国出版物伦理委员会下设审查机构，结合《青少年保护法》《出版及印刷振兴法》等法律，对图书、报刊、外国出版物中违反法律的相关内容进行审查，从而实现对出版物的全面管理。

4. 国外出版业管理值得我国借鉴的经验

通过对美国、法国、韩国三个国家出版业管理的梳理，我们可以看出，不同的国家对出版业的管理主体各不相同，管理方式各不相同，法律体系也各不相同。但是，每个国家对出版业的管理都增强了力度，对出版产品中的内容和信息都加强了审查，对违反国家法律规定的出版物都有相应的惩处措施。从这些国家的管理手段中，我们可以找到值得借鉴的内容。

（1）完备的立法程序

任何产业的发展都离不开优良的社会环境，而法律作为保障性手段是维护优良社会环境的强力武器。通过以上分析，我们可以看出，美国、法国、韩国虽然在法律体系上各有不同，但都根据自己的国情，构建了自己的法律保障模式。美国崇尚的是出版自由的模式，虽然没有专门的出版法律法规，但是通过宪法和判例法案保障出版业的自由竞争，维护出版业发展的良好秩序。法国对出版业构建了完备的法律体系，虽然没有专门的出版法律，却有一系列关于文化发展的法律和法案，以维护出版业的良性发展。韩国政府构建了全面的文化产业法律体系，在以宪法对出版自由进行保障的基础上，还制定了专门的《文化产业振兴基本法》，从而用法律的形式作为出版业发展的保障。

（2）完善的行政程序

对出版业的行政管理程序，美国、法国和韩国政府仅强调政府的政策引导和公共服务功能，更多的是依靠市场自身的发展规律对出版业进行调控。这些国家对出版产品实行的是事后追惩，即当出版产品中出现违反法律的相关内容和信息时，政府相关机构才依据相关法律对其进行惩处。对出版业的行政管理力度，韩国政府最为强劲有力，制定了专门的法律法规等，从法律层面规定政府对文化产业的管理主体和管理程度、支持标准和扶持力度等。因此，我们可以看出，对出版业的管理，简洁便利的行政程序，可以在很大程度上提高政府相关部门的工作效率。

（3）全面的自律体系

美国的出版行业自律制度和服务体系非常完善，各行业协会甚至代替政府履行部分行政管理职能。法国和韩国设立了专门的出版行政管理机构，这些政府机构与行业协会共同对出版业进行管理。虽然各国的管理体系不尽相同，但是出版行业协会都发挥了极其重要的作用。一方面，行业协会行使行政职能，对出版业的发展进行规范、制定行业准则、服务协会会员；另一方面，行业协会代表会员与政府开展对话、谈判，为行业发展争取优惠政策和资金扶持，以促进行业的内部发展和外部合作。韩国言论仲裁委员会享有极高的公信力和权威性，其对文化产业的纠纷裁决结果甚至直接影响韩国法庭的判决。国外的出版行业协会对出版产业的发展发挥着极其重要的作用，保证了出版市场的良性竞争，依据市场竞争关系调节主体的发展，促进了出版市场的繁荣发展。这为我国的出版行业协会自律制度的建立提供了经验和借鉴。

（4）以公共服务为主的管理方式

对出版机构的行业准入，美国、法国和韩国都谈不上管理，只是实行简单的登记制度。对出版产品的内容，这三个国家在出版之前几乎不存在行政管理，都采取事后追惩的方式，即只对已出版的内容进行审查，并对审查过程中发现的违反法律规定的相关出版产品和出版机构予以惩处。这些国家的图书出版行政机构或者相关部门，并不是真正意义上的管理机构，行使的也不是管理职能，而是以公共服务为其主要职能。例如，美国的版权局和韩国的著作权委员会，以履行版权服务为其主要职能；而法国的图书与阅览司，更多的是致力于公众的全民阅读服务。在管理方式上，这些机构多是运用财政政策，对出版业实行税收的优惠和减免，以经济方式引导行业发展的方向。我国政府应以此为借鉴，转变政府职能，充分利用市场经济手段，精简工作流程，下放相关权力，提高管理效率，提升公共服务水平，以充分激发出版市场的自主性和创新性发展。

二、国内研究现状和发展动态

20 世纪 70 年代至 80 年代，我国新闻出版业得到迅速发展，政府开始着手建立新闻出版行政管理体系，从中央开始设立新闻出版署（国家版权局），各省、市、自治区设立新闻出版局（版权局），到了 20 世纪 80 年代中期，中央和省级新闻出版行政管理体系基本建立成型。随着经济的发展，我国进行了几次机构改革，但是出版行政管理的总体框架并没有改变。几十年来，这套出版行政管理系统在出版管理、版权管理和“扫黄打非”等方面做了很多探索工作，对出版业的健康、稳定发展发挥了巨大的作用。

我国实行的出版管理体制是以新闻出版部门为主要管理部门，

其他相关部门为辅进行分工管理，以及中央政府与地方政府分级管理。目前已初步形成国家新闻出版署、省级新闻出版局、地市级出版行政管理部门及县级出版行政管理部门的四级出版管理体制。

由于我国出版管理体制具有自身的特殊性，在制度管理方面，检索到的国内文献有很大部分是对我国出版管理体制的改革发展过程进行分析和总结，这有利于了解我国出版管理体制形成的原因。

刘军、顾永才在《试论我国宏观出版管理创新》一文中指出，我国的宏观出版管理在内容上可以归纳为五个方面。该文章详细阐述了党委领导、行政管理、法律管理、经济管理及行业自律五个方面的具体内容，对我国的图书出版监管体制改革方向进行了细化，为图书出版监管体制改革明确了方向。①

黄先蓉在《我国出版宏观管理的现状、问题及对策研究》中，论述了我国出版宏观管理的现状，分析了目前我国出版宏观管理中存在的不足和问题，阐述了我国政府在改进和完善出版宏观管理方面应采取的具体对策。② 黄先蓉指出，目前我国出版管理体系已初步形成新闻出版总署、省级新闻出版局、地市及县出版行政管理部门四级管理体制，体系较为庞杂，机构设置并不完全合理，各部门权责不明确、相互交叉、工作效率不高等问题尤为突出。当出现重大问题时，有时由于职责交叉会出现多方管理的现象，有时又会因为权责不明确而找不到相关监管单位。在立法方面，黄先蓉认为，我国对出版管理的

① 刘军，顾永才. 试论我国宏观出版管理创新[J]. 科技与出版，2008(7)：33-36.

② 黄先蓉. 我国出版宏观管理的现状、问题及对策研究[J]. 出版科学，2008(3)：9-14.

法律主要是依据《出版管理条例》，该条例在内容上不够完善，在档次上也不够高，只是一个行政法规而已，因此对出版管理的立法存在不完善、不严谨、质量不高等问题。在执法方面，由于立法不完善，存在执法主体不明确、权责不清甚至违规执法等问题。黄先蓉指出，国家对出版产业大发展虽然推出了一系列的经济扶持政策，但是这些经济政策还不能真正推动出版产业的发展。在国外，出版行业协会对出版业的发展起到了很大的推动和监督作用，但由于我国国情的特殊性，我国的出版行业协会仍与行政主管部门密切联系，对出版业的管理根本起不到行业协会应有的作用。黄先蓉的一系列研究，对我们寻求出版监管体制改革的道路提供了四个方向：第一，应该明确出版宏观管理的主体；第二，应该转变政府职能；第三，应该明确出版宏观管理的客体；第四，应该积极推进管理方式和管理手段的创新。黄先蓉在《加拿大的出版法律制度及对我国的启示》中指出，我国应尽快制定完善的出版法律法规，以便充分发挥出版行业组织和行业协会在出版管理中的作用，使我国的文化产业得到不断发展，使出版法律体系更加完善和健全，从而推动我国成为出版大国和出版强国。①

熊璞刚在《"十二五"初期图书出版产业分析》中，从政治经济学的视角出发，详细阐述了我国图书出版市场的现状，总结了政府的宏观调控措施，论述了出版社的经营等方面的内容。②

张晶晶在《为什么我们没有"新闻法"》中认为，我国新闻出版立

① 黄先蓉．加拿大的出版法律制度及对我国的启示[J]．中国出版，2016(3)：31-34.

② 熊璞刚．"十二五"初期图书出版产业分析[J]．中国编辑，2014(1)：47-51.

法的瓶颈在于“政策回应多于学理探讨”“微观规范多于宏观构建”“学科壁垒多于学科融合”。[①]

龙正林在《义务教育教科书出版监管的立法建议与思考》中，以义务教育教科书的法律监督管理为基本切入点，提出了出版法立法的必要性和重要性。[②] 一方面，我国新闻出版相关法规条文过于滞后，早已无法适应日新月异的出版市场，导致了相关机构对新闻出版监管的被动性。另一方面，我国《出版管理条例》的法律地位较低，无法与其他法律法规在司法实践中抗衡。

饶世权、刘咏梅在《我国文化产业政府监管的现状、问题与完善对策》中对我国文化产业的政府健康型监管模式进行了探索和研究，指出我国政府对出版业的监督和管理本质，仍然属于政府机构对事业单位管理和行业行政管理的双重模式，其原因在于我国政府对图书出版的定位是“文化事业”。[③]

胡伟、程亚萍在《我国出版监管制度之反思与完善》中，指出了我国出版监管制度存在的问题，如预防机制薄弱、监督和管理缺乏力度、监管功能不够全面、监管体系不够立体等。[④] 这一系列问题导致了出版主管机关很难发挥其监督管理功能，对出版单位的监管力度不够；出版主管机关的监管效果不尽如人意，监管措施得不到有效的

① 张晶晶. 为什么我们没有“新闻法”[J]. 政法论丛，2014(2)：57-64.

② 龙正林. 义务教育教科书出版监管的立法建议与思考[J]. 出版广角，2014(2)：80-81.

③ 饶世权，刘咏. 我国文化产业政府监管的现状、问题与完善对策[J]. 出版科学，2015，23(02)：14-20.

④ 胡伟，程亚萍. 我国出版监管制度之反思与完善[J]. 出版科学. 2013(2)：57-63.

落实;出版单位的内部缺乏有效的监管机制,无法有效发挥监控作用。

强月新、刘莲莲在《我国媒介规制的结构、问题及制度性根源》一文中,深入分析了我国出版行政规制不力的原因,指出出版产业的内部监管机制不独立,缺少法定监管机构,外部监管机制也不完善,这种不健全的监管体制严重制约了我国出版业的发展。[①] 强月新、刘莲莲进一步强调,我国新闻出版企业的模糊定位与政府机构的不确定的规制导向之间,出现了角色定位的冲突,这就要求我国应尽快构建一个法定、中立、独立的行政机构,在保障政府监管的稳定性、维护公共利益方面发挥应有的作用。

朱绍昌在《政府在促进图书出版业发展中的管理作用研究》中认为,图书出版可以说是精神再造的过程,政府应积极转变职能,把核心任务放在正确地引导舆论和输导舆论上。[②]

肖东发、张文彦、于文在《借鉴国外出版创新经验,提升我国文化发展软实力》、刘大年在《当代西方出版产业政策:变迁与趋势》中,均对中外出版规制政策体系进行了比较,指出了目前我国图书出版产业规制方面存在的弊端,论述了我国在出版产业监管中应积极借鉴国外的监管运作模式和管理机制,并就我国政府对图书出版产业的

① 强月新,刘莲莲.我国媒介规制的结构、问题及制度性根源[J].武汉大学学报(人文科学版),2013(2):105-109.

② 朱绍昌.政府在促进图书出版业发展中的管理作用研究[D].苏州:苏州大学,2009.

规制提出了建议。[①]

王立平在《国外出版社编辑流程分析(一)——以布莱克威尔出版有限公司接受作者投稿的程序为例》中,分析了我国出版机构在接受作者投稿、指导作者写作以及著作权保护方面与国外出版单位的差别。[②] 王立平指出,我国出版单位几乎没有指导作者写作的服务,也没有公开出版的具体流程,即使在网站上有相关说明,信息也比较粗略,对作者没有真正的指导意义,且作用不大。国外出版单位在接收书稿之前,要求作者首先要提交写作计划,写作计划内容包括各章节的内容说明、读者群体的分析等。这样做,为出版社挑选质量较高、市场潜力较大的书稿,奠定了良好的基础。而在著作权保护方面,我国与国外出版机构差距更大。我国出版单位对作者引用的相关内容,仅仅要求注明文献来源,包括文献作者、文献名称、文献出处、出版或发表时间等,但是对作者引用内容的多少、引用文字的数量并没有具体要求,在著作权法、出版法律法规等条文中也没有相关规定和约束。而国外出版单位在作者引用的文字数量上虽然没有统一限定,但是每家出版单位都会根据各自的情况,划定合理的引用范围,并且要求作者在超出合理范围引用之外,必须取得著作权人或版权人的授权。国外出版单位在监督作者合理合法引用的同时,也保

---

① 肖东发、张文彦、于文.借鉴国外出版创新经验,提升我国文化发展软实力[J].编辑学刊,2012(2):6-11;刘大年.当代西方出版产业政策:变迁与趋势[J].现代出版,2015(4):10-13.

② 王立平.国外出版社编辑流程分析(一):以布莱克威尔出版有限公司接受作者投稿的程序为例[C].中国编辑学会第12届年会会议论文,2007:90-95.

护了著作权人的合法权益。可以说，国外出版单位为作者提供了优质的服务，包括对作者公开出版程序、具体指导写作计划、规范稿件的写作、合法使用著作权、统一交稿程序等。王立平强调，出版管理是系统工程，每个环节都要规范化、具体化，这样才能提高出版管理的水平和出版管理效率。

通过分析我国学者对国外出版管理体制研究的相关文献，可以初步了解国外出版管理的特色，发达国家目前在出版管理中实行的行政管理方式，出台的相关法律法规，对出版业实行的如拨款、税收、信贷等方面的经济优惠政策以及国外出版行业协会的运作模式及其对出版行业管理所发挥的重要作用。在分析相关学者对我国出版管理体制研究的相关文献时，可以借鉴文献中指出的我国出版管理体制中存在的问题、解决的方式方法，并将我国出版管理现状与国外进行比较，从而为本书的研究提供理论支撑，也为研究出版业政府管理方式打开了思路。

第三节　研究的主要内容和方法

一、研究内容

根据研究思路与研究框架，本书主要研究内容如下。

第一章，绪论。阐述出版业的政治功能和社会影响力，阐明坚持正确出版方向的政治保证是坚持党对出版工作的领导，必须坚持在党的领导下改革发展，才能保持正确的出版导向。罗列出版业在改革推进过程及出版市场发展过程中出现的一些问题，从而论述出版业政府管理制度改革的必要性和重要意义。综述学者对国内外出版业管理的相关研究情况，指出国外出版管理体制中值得我国借鉴的经验。最后，从总体上概括本书研究的主要内容和研究方法。

第二章，出版业政府管理制度相关理论分析。介绍出版业政府管理制度中涉及的相关概念，包括图书、出版、图书出版及出版业的概念，并分析出版业兼具经济属性和政治属性。介绍政府管理和出版业管理相关概念和内容，详细阐述书号的概念和组成。分析出版业政府管理理论基础，包括知识产权法学理论和知识产权管理理论。

第三章，出版业政府管理的必要性分析。厘清政府管理与出版自由的关系，阐述出版自由的外延，包括出版自由与表达自由的关系、言论自由与表达自由的关系、出版自由与政治自由的关系。分析政府对出版自由管理的必要性，说明出版自由是宪法性权利、出版自由是对抗公权力的利器、出版自由的边界及政府管理出版自由的理论依据。阐述我国政府对出版业管理改革的必要性，分别从我国出版业改革的新局面、我国出版业引入政府管理理论的必要性、我国出版业政府管理制度中存在的主要问题以及我国出版业政府管理的必要性等方面进行论述。

第四章，出版业政府管理制度变迁及其路径选择。首先，从时间划分上阐述出版业政府管理制度变迁，包括：古代图书出版政府管理制度、近代图书出版政府管理制度和当代图书出版政府管理制度。其中，分两个阶段分别对当代图书出版政府管理制度进行阐述，即：中华人民共和国成立至改革开放前，以及改革开放以后。其次，从三个方面论述出版业政府管理制度变迁的路径选择，分别为：出版业政府管理制度指导思想变迁的路径选择，出版业政府管理制度模式变迁的路径选择，以及出版业政府管理制度内容变迁的路径选择。其中，对出版业政府管理制度内容变迁的路径选择的论述，又分为市场准入模式的路径选择、出版审查制度变迁的路径选择和出版业体制改革的路径选择。

第五章，出版业政府管理现状及问题分析。首先，从出版业管理主体、出版业管理依据、出版业管理方式、出版业管理内容等方面，简要介绍我国出版业管理现状。其次，阐述改革开放以来我国出版业所取得的成就。哪里有改革，哪里就有新局面；哪里有改革，哪里就有大发展。我国出版业经过改革开放以来的奋斗，创造了新的辉煌成绩，一跃而成全球公认的出版大国，受到了全球出版同行的赞誉。最后，对我国出版业政府管理缺陷及其成因进行分析。

第六章，出版业政府管理制度创新。分析出版业政府管理制度指导思想创新，包括遵循舆论导向、采用分类管理、适应数字化发展趋势等方面的创新。论述媒体融合背景下出版业发展路径，包括以社会效益为首要目标、满足公众精神需求、构建融合发展体系、积极探索转型升级等。

第七章，出版业政府管理制度改革展望。指明出版业政府管理制度改革方向和原则。出版业政府管理制度改革应遵循循序渐进原则、公开合法原则、分类管理原则和市场规律原则。从出版业政府管理模式创新、出版业法律体系完善、出版业市场准入制度创新、出版产品审查方式创新、出版业市场管理手段创新、建立出版业市场退出管理机制、激发出版行业协会力量以及积极实施“走出去”战略等方面，对出版业政府管理制度未来进行展望。

二、研究方法

（一）规范研究方法

利用编辑出版学、传播学原理，特别是行政管理理论，研究决定图书出版管理的重要因素。首先通过查阅相关著作和文献，了解国内外政府对出版管理的研究成果，并对相关数据资料进行分析；其次研究图书出版管理的基本理论，包括相关概念和关系。

（二）文献分析法

文献研究可以分为两种类型，即资料导向型和问题导向型。本书的研究属于问题导向型研究，因此，在提出问题之后，通过查找、阅读文献的方法，了解问题产生的背景，掌握学术界的研究现状，归纳存在的各种问题，并分析这些问题的解决情况。出版业管理制度是一个非常复杂的现实性问题，涉及社会发展、经济发展、文化发展等方方面面的知识，因此，必须要通过查找文献、阅读文献、分析文献、研究文献的方法，才能了解相关知识、分析相关问题，从而找到解决问题的方法、措施等。

(三) 历史分析方法

本书研究的是政府管理制度,制度的形成必然有其历史。制度的发展史包括从产生到形成,再到发展、断裂,然后到重新选择,这是一个循环往复的历史进程。因此,本书选用历史分析方法对我国出版业政府管理制度进行研究,涵盖古代图书出版政府管理制度、近代图书出版政府管理制度和当代图书出版政府管理制度等相关内容。

(四) 制度分析方法

社会生产力的发展情况决定了一个国家的制度,同时,制度也对社会生产力的发展产生反作用。制度的发展过程反映了社会的发展过程。因此,本书从制度的视角去研究经济、政治、社会、文化的发展,分析制度的形成、制度的变迁及路径选择、制度的创新等,有利于规范各项社会行为活动,从而进一步促进社会的进步、国家的发展。

第二章　出版业政府管理制度相关理论分析

第一节　图书出版管理相关概念

一、图书出版相关概念

(一) 图书

《现代汉语词典》对图书的解释是:图片和书刊,一般指书籍。《图书出版管理规定》指出,图书是指书籍、地图、年画、图片、画册,含有文字、图画内容的年历、月历、日历,以及由国家新闻出版署认定的其他内容载体形式。

（二）出版

《现代汉语词典》将出版定义为：把书刊、图画、音像制品等编印或制作出来，向公众发行。在《出版词典》中，出版则意指选择某种精神劳动成果（文字、图像作品等），利用一定的物质载体进行复制以利于传播的行为。《出版管理条例》[①]指出，出版活动，包括出版物的出版、印刷或者复制、发行。因此可知，出版活动的基本属性是传播科学文化、信息和进行思想交流，出版活动包括图书、报刊、音像制品、电子出版物的出版、印刷、复制和发行。本书所研究的出版主要是图书出版。

（三）图书出版

综合以上图书和出版的含义可知，图书出版包括两层意义。第一层含义从作者和读者的角度出发，即图书出版是指对书籍、地图、年画、图片、画册，含有文字、图画内容的年历、月历、日历，以及由国家新闻出版署认定的其他内容载体形式，进行编辑（包括组织、采录、收集、整理、纂修、审定），并通过出版、印刷或者复制、发行的形式向社会大众进行传播的活动，即大众所称的“出书”。第二层含义从图书出版机构的角度出发，即图书出版是指依照国家有关法规设立的图书出版法人实体的出版活动。

（四）出版业

我国出版业具有文化传播和宣传功能，长期以来以出版事业的

① 若无特殊说明，本书中提到的《出版管理条例》，均指 2020 年 11 月 29 日国务院令第 732 号公布的，根据《国务院关于修改和废止部分行政法规的决定》进行第 5次修订的版本。

形式存在，出版单位也属于事业单位。随着我国市场经济体制的发展和完善，出版业由计划经济转为市场经济。2004 年，国家统计局发布《文化及相关产业分类》，首次将图书出版纳入文化产业范围。2011 年修订的《出版管理条例》，将“出版事业”改为“出版事业和出版产业”。将“出版产业”从国家法规层面进行了定义，从政府层面促使图书出版行业走向产业化发展，推动了我国出版业成为国民经济的重要组成部分。

国外对图书出版业没有相关定义，更多地使用版权产业来进行囊括和替代。相对于图书出版产业，版权产业的内涵和外延更广。版权产业既包括出版产业所涵盖的传统出版产业，如图书报刊、音像制品的出版，传统影视的制作、发行和放映，也包括与版权相关的多种文化产业，如戏剧、音乐、舞蹈等艺术形式的表演，广告设计、建筑设计，以及计算机软件、信息数据库等的开发与运用。

二、出版业属性分析

从人类开始利用肢体和声音进行交流时，便产生了信息的传播。随着人类的进步和社会的发展，信息传播的方式变得越来越多样化和便捷化。我国四大发明中的造纸术和活字印刷术的广泛应用，促使以图书为载体的文化产品的传播速度进一步加快。在自然经济时代，文化产品的传播是基本的生存需要；到了商品经济时代，文化产品被赋予了相应的商品属性；而随着社会制度的进一步发展，文化产品作为维护国家统治和意识形态控制的重要精神武器，越来越多地被赋予了政治属性。

(一) 出版业的经济属性

随着人类交流的多样化和复杂化,文化传播渗透到人类生活的每个角落。图书既具有物质属性,也具有商品属性,其作为文化传播的最基本、最重要的载体,自诞生之时便作为商品而存在,在市场中进行交易并参与商品交换。人类在精神创造和物质生产的过程中,图书出版发挥着记载、传承各项知识内容和信息的作用,承担着人类传播文化、陶冶情操的重要责任,不断推动社会的发展前行。

商品经济逐渐繁荣发展,出版的经济属性日渐突出。在世界范围内,出版业在国民经济生产总值中虽然所占比例较小,但是在社会产业的总体格局中,出版业一直占据着举足轻重的地位,在社会发展中发挥着重要的作用,是一个国家政治、经济、文化、教育、科学发展水平的重要指标。

长期以来,我国出版业属于公共事业,图书出版单位也属于事业单位。出版业以出版事业的形式存在,发挥着文化传承与宣传服务的功能,不断满足人民大众的精神文化需求,推动着社会生产力的发展,发挥着协调生产关系的作用。随着市场经济的发展,我国出版业逐渐发展成为国民经济的支柱产业。1999 年,由上海人民出版社、上海教育出版社、上海译文出版社、汉语大词典出版社和上海图书公司等图书出版单位组成的上海世纪出版(集团)有限公司宣布成立。上海世纪出版(集团)有限公司是经中共中央宣传部、原新闻出版署批准成立的我国第一家出版集团和首批全国文化体制改革试点单位之一。此后，一大批出版集团相继挂牌成立，我国出版业开始进行集团化、资本化运营，它们站在我国出版业的改革浪头，引领着我国出版业的发展潮流。2009 年 9 月，国务院发布《文化产业振兴规划》；2012 年 2 月，中共中央办公厅、国务院联合印发《国家"十二五"时期文化改革发展规划纲要》；2017 年 9 月，国家新闻出版广播电影电视总局印发《新闻出版广播影视"十三五"发展规划》；2021 年 12 月 28 日，国家新闻出版署印发《出版业"十四五"时期发展规划》。这些规划、纲要都将出版业作为文化产业结构调整和转型升级的重中之重。可见，出版业的经济属性和产业属性得到了前所未有的重视。

美国著名出版家达塔斯·史密斯认为，图书出版产业的产值虽小，但在一个国家的社会经济发展过程中并不是处于无足轻重的地位。在西方发达国家，出版产业在社会经济产业中位居前列，成为各国的支柱产业之一。

（二）出版业的政治属性

人类的传播活动混合了政治、经济、文化与社会的多种属性，政治属性是图书出版的重要特性。美国传播学者丹·尼谋和凯思·桑德斯在《政治传播手册》中指出，政府传播充当着政治家、政府组织和公民对话的交流渠道，它通过在政府组织和公民投票行为之间建立起联系，从而能够实现政治动员，传输政治影响力。①

出版业虽然具有产业属性，但出版业又不同于其他单纯追求利

① 李元书．政治传播学的产生和发展[J]．政治学研究，2001(3)：68-77.

润最大化的行业，而是以低成本提供公共服务的事业组织。出版具有强烈的意识形态属性是由以下两方面决定的。一是由出版属于上层建筑的政治性质决定的，即阶级、国家、政党常常把传媒作为其喉舌，出版是其政治目的得以实现的工具。意识形态属性决定了出版最重要的作用就是维护现行政治体制的合法性，政治责任大于经济责任决定了出版是一种话语权力。二是由于出版是国家的公共资源和战略性资源，是公认的“社会公器”，具有很强的公共性，必须强调其意识形态功能和社会效益。[①]

马克思主义政治传播学对我国的政治传播理论影响至深。我国作为社会主义国家，出版业的政治属性，即意识形态属性，决定了其在我国政治领域的重要作用，即维护现行政治体制的合法性。出版业在我国承担着宣传党的政策、方针、路线的重大任务，发挥着宣传社会主义建设的伟大成就、统一舆论的重要作用，推动着我国社会、民族、地区的稳定、延续与发展。

习近平总书记出席 2018 年全国宣传思想工作会议指出，建设具有强大凝聚力和引领力的社会主义意识形态，是全党特别是宣传思想战线必须担负起的一个战略任务。要做好做强马克思主义宣传教育工作，特别是要在学懂弄通做实新时代中国特色社会主义思想上下功夫。要把坚定“四个自信”作为建设社会主义意识形态的关键，坚持马克思主义在我国哲学社会科学领域的指导地位，建设具有中国特色、中国风格、中国气派的哲学社会科学。要把握正确舆论导

① 齐勇峰. 传媒文化产业集团的发展趋势和改革创新[J]. 青年记者，2006(5)：16-19.

向，提高新闻舆论传播力、引导力、影响力、公信力，巩固壮大主流思想舆论。习近平强调，宣传思想工作是做人的工作的，要把培养担当民族复兴大任的时代新人作为重要职责。重中之重是要以坚定的理想信念筑牢精神之基，坚定对马克思主义的信仰，对社会主义和共产主义的信念，对中国特色社会主义道路、理论、制度、文化的自信。要强化教育引导、实践养成、制度保障，把社会主义核心价值观融入社会发展各方面，引导全体人民自觉践行。要大力弘扬时代新风，加强思想道德建设，深入实施公民道德建设工程，加强和改进思想政治工作，推进新时代文明实践中心建设，不断提升人民思想觉悟、道德水准、文明素养和全社会文明程度。要弘扬新风正气，推进移风易俗，培育文明乡风、良好家风、淳朴民风，焕发乡村文明新气象。[①]

三、政府管理相关概念和内容

政府管理也称政府规制、政府管制、政府监管。王雅莉、毕乐强在《公共规制经济学》中指出，政府规制是在以市场机制为基础的经济体制里，政府（包括准政府组织）依照一定的规制（主要是法规）对市场经济主体的活动和市场经济关系进行限制和管理的行为。[②] 吴曼芳在《媒介的政府规制》中认为，政府规制包括两层含义：一是指规范，即政府通过监督管理对市场失灵等问题进行强制干预，以维护市场秩序和社会公平；二是指引导和激励，即政府通过调整和优化市场

---

① 习近平. 论党的宣传思想工作[M]. 北京：中央文献出版社，2020：340-341.

② 王雅丽，毕乐强. 公共规制经济学[M]. 北京：清大学出版社，2011：2-3.

结构及市场行为，并利用放松规制和激励规制的手段实现激发特定产业的创新意识，从而提高市场绩效。[①]

(一) 政府管理的类别

根据政策的不同目的和手段，政府管理一般可分为直接管理和间接管理。

1. 直接管理

直接管理，是指某些行业由于出现市场调控失灵的问题，政府机构对其实施直接干预，根据有关法律法规，通过采取一系列市场进入、价格干预、行政许可、制定标准、收取费用等手段，对行业企业的市场行为进行监督和管理，从而实现资源的合理高效配置。

根据管理措施不同，直接管理分为经济性管理和社会性管理。

(1) 经济性管理

经济性管理，是指政府针对行业出现的自然垄断、信息不对称、不完全竞争等市场调控失灵现象，为防止资源不合理配置、确保资源公平利用，根据有关法律法规，直接制定行业管理规则并实施管理行为。日本产业经济学家植草益在《微观规制经济学》中指出，经济性规制分为价格规制、准入规制、数量规制及质量规制。[②]

(2) 社会性管理

社会性管理，是指政府为确保卫生健康、公共安全、保护环境、教

① 吴曼芳. 媒介的政府规制[M]. 北京：中国电影出版社，2008：6-7.

② 转引自王晨. 中国出版业的产业竞争与政府规制[M]. 北京：中国书籍出版社，2009：48.

育公平、文化繁荣、社会福利等目标的实现，对相关行业企业实施的监督和管理。社会性管理主要解决的是行业企业与社会的外部关系问题。社会性管理不分行业、不分领域，一切行业企业都必须接受政府机构的社会性监督和管理。凡是有碍于社会性目标实现的行为，都要受到相应的惩治。

2. 间接管理

间接管理，主要是指政府制定相关法律、法规、规章、制度等，对市场主体的不公平竞争进行间接干预的行为。政府实施间接管理的目的是完善市场竞争体制、有效发挥市场机制的职能。在实施间接管理的过程中，政府仅对阻碍市场机制职能发挥的不正当行为进行约束，而不会干预市场主体的具体决策。

(二) 政府管理相关理论

1. 公共利益理论

公共利益理论诞生于资本主义国家从自由资本主义向垄断资本主义的转变时期。垄断资本主义时期，生产和资本日渐集中，出现了垄断企业，市场出现了不完全缺陷，为维护公众利益，亟须政府直接干预企业的经济活动。当时的西方福利经济学派认为，政府可以利用管理手段，有效调控市场准入和价格体系，消除市场调控的失灵现象，从而实现社会资源的最优化配置。政府管理公共利益理论的基本假设包括三个方面：第一，市场的自我调控失灵，极易产生社会不公平和效率低下的现象；第二，政府拥有完全信息，不存在信息不对称的现象，政府对一切市场行为无所不知，对市场调控无所不能；第三，政府的管理是利他主义，政府代表公众利益，维护公共利益和公共秩序。

2. 公共选择理论

公共选择理论将西方经济学中“经济人”的假设运用到了政府管理的理论中，其对政府管理的动机论证与公共利益理论截然相反。公共选择理论认为，政府官员都是利己主义者，都是具有私人利益目标的“经济人”，他们时刻关注自身在社会活动和市场交易中付出的成本和获取的利益，追求的是自身效用的最大化。政府在制定和实施公共政策的过程中，如果缺乏内部约束机制，就容易按照自己的喜好行事，最终会导致机构膨胀、政策失败等不利于社会发展的严重后果。

3. 放松管理理论

20世纪中期，西方国家出现了政府管理失效的问题，严重影响了社会的发展，主要表现在三个方面。第一，政府过度管理，造成了行政垄断，破坏了自由市场经济。第二，政府信息不完全，导致政府在行使管理职责时不能做到理性、公平、公正。第三，政府官员作为“经济人”，为了自身利益的最大化，导致腐败行为不断出现。为了解决以上问题，放松管理理论兴起。美国、英国等国家在铁路、能源、航空等领域由政府垄断或者严格管理逐渐转为放松管理。同时，政府积极引入民间资本，使市场竞争性逐步增强。放松管理理论认为，政府只要放松或者撤销管理，保持产业进入市场的自由化，减少产业进入的壁垒，就能解决政府管理的失效问题。同时，放松管理理论还认为，可竞争的市场不需要政府的行政干预和管理，它能够自发形成市场资源的优化配置，最大限度地增加社会福祉。

4. 激励性管理理论

激励性管理理论在解决政府管理失效问题上相对温和，不像放松管理理论比较激进。激励性管理理论将政府管理的重点放在政府管理手段的创新，以及利用更加主动的产业激励方式激发市场主体的竞争力和创新能力上。激励性管理理论没有完全否定传统的政府管理理论，而是试图将管理与激励相融合，保持市场的合理竞争，维护整个产业的利益，激活市场竞争主体的创新意识和竞争活力，从而在根本上规避政府管理失效的不利因素，达到管理效益的最优化。

（三）政府管理的理论延续

1. 市场失灵理论

古典经济学家亚当·斯密把市场比作"看不见的手"，认为只要依靠市场的自我调控即可实现资源的合理配置，政府无须对市场进行干预。然而事实上，市场并不是万能的。福利经济学派认为，市场会在多个领域出现失灵状态，如"外部性""不完全竞争""公共产品""信息不完备或不对称"等领域，这样就会导致社会资源不能得到有效的配置，社会福利不能实现最优化。针对市场失灵现象，政府的监督和管理可以发挥有效作用，通过政府管理，可以弥补市场自我调控的缺陷，抑制垄断，保证市场正当竞争，降低市场主体的负外部性效应，解决信息不完全的问题，为公众提供公共产品等。出版具有准公共产品和负外部性特性，相关行政垄断造成了市场的不完全竞争，因此出版业也出现了市场失灵的现象。

2. 政府失灵理论

政府通过实施有效的管理，部分消除了市场失灵所导致的现象，在一定程度上使社会资源得到了有效合理的配置，社会福祉得到了增加。但是，与市场失灵一样，政府管理也有其弊端。随着产业经济的不断发展，信息不对称现象越来越严重，政府管理的成本越来越高，管理主体有可能出现不为增加社会福祉而服务的状况，反而与相关利益集团结成利益联盟，从而造成社会效率和市场效率降低、低效管理甚至无效管理的情况，最终导致政府管理失灵。

对出版业来说，资本主义国家和社会主义国家都是在政府的严格管理下进行市场化改制，因此出版机构与政府管理部门有着错综复杂的密切联系，政府对出版业的管理成本居高不下，政府管理的具体措施得不到有效的贯彻和落实，更谈不上对出版业市场形态的优化。同时，行政垄断严重制约了出版业的发展，市场绩效得不到提升。政府管理失灵的问题在出版业同样存在。为有效解决政府管理失灵的问题，放松管理和激励性管理成为两大抓手，可以有效激发出版机构的竞争意识和创新活力。

四、出版业管理概念和内容

(一) 出版业管理的含义

综合专家学者对政府管理的理解以及出版业的自身特性，可以认为，出版业管理，是指在社会主义市场经济条件下，为实现一定的公共政策和产业经济目标，新闻出版行政管理部门依据有关法律、规章、命令等，通过许可、裁决等手段，对出版单位进入市场、参与竞争，出版产品的价格水平、外部影响、信息优势等与出版有关的市场结构和市场行为所采取的一系列管理、规范、引导、激励、惩治等行政行为。

（二）出版业管理的原则

我国的出版业管理实行属地原则，即：省、自治区、直辖市新闻出版行政部门依法对本行政区域内的图书出版进行监督管理，负责本行政区域内图书出版单位的审核登记、年度核验及其出版图书的审读、质量评估等管理工作。

（三）出版业管理的内容

出版业管理的主要内容包括主体资格管理、客体管理、行为管理以及主体违法后的惩处等。

1. 出版业管理的主体

出版业管理的主体主要是指图书出版者。在我国，图书出版者仅指那些具有法人地位、有权经营标有统一书号的图书出版业务的出版社。除此之外的任何其他单位，均不能从事出版业务，不能成为图书出版者。《图书出版管理规定》第八条指出，图书由依法设立的图书出版单位出版。设立图书出版单位须经新闻出版总署批准，取得图书出版许可证。本规定所称的图书出版单位，是指依照国家有关法规设立，经新闻出版总署批准并履行登记注册手续的图书出版法人实体。

2. 出版业管理的客体

对图书出版客体的管理主要表现在对出版产品的合法性进行管理方面，既包括对出版产品内容的合法性进行规定，也包括禁止盗版盗印等非法出版活动的产生。

3. 出版业管理的主要内容

《图书出版管理规定》第三十五条指出，省、自治区、直辖市新闻出版行政部门依法对本行政区域内的图书出版进行监督管理，负责本行政区域内图书出版单位的审核登记、年度核验及其出版图书的审读、质量评估等管理工作。

出版业管理包括审读管理、质量保障管理、出版单位分级管理、出版单位年度核验和出版从业人员职业资格管理等。

(四) 书号的概念和组成

书号是合法出版书籍的统一编号。目前世界各国统一使用的是国际标准书号(International Standard Book Number，ISBN)，这是国际通用的图书或独立出版物(除定期出版的期刊)的代码。国际标准书号目前由13位阿拉伯数字组成，分为3组：前3位数字，代表图书；中间9位数字，又被分为3组，分别表示组号、出版社号和书序号；最后1位数字，是校验码。

1. 前3位数字

目前国际公认的用于商品包装的编码系统称为EAN-UCC系统，该系统由国际物品编码协会(EAN)与美国统一代码委员会

(UCC)开发和维护,是全球统一和通用的商业标识系统,是对全球多行业供应链进行有效管理的一套开放性国际标准。EAN-UCC 系统的编码有两种:第一种是美国统一代码委员会制定的商品用条码(UPC 码)。第二种是 EAN-13 条形码,是欧洲物品编码协会(该协会于 1997 年更名为"国际物品编码协会")吸取 UPC 条形码的经验而确立的物品表示符号。使用 EAN 条形码的成员国包括欧洲各国和亚洲多国。我国于 1991 年 7 月参加国际物品编码协会,使用 EAN 条形码。国际物品编码协会指定给国际标准书号系统的专用前缀码是 978。

2. 中间 9 位数字

中间的 9 位数字分为 3 组,分别表示组号、出版社号和书序号。

(1) 第一组号码

第一组号码段又称为组号,表示地区号。组号从最短的1 位数字到最长的 5 位数字,其设置兼顾文种、国别和地区。组号越少,其剩下的能够使用和分配的位数就越多,即意味着该国家(地区)能够出版的出版物的数量就越多;反之亦然。以目前组号为 1 位数字的国家为例。1 位数字的组号目前的设置范围是 0～7:0 是指美国所出版的出版物;1 代表使用英语语系的国家,包括澳大利亚、加拿大、爱尔兰、新西兰、波多黎各、南非、英国等;2 代表使用法语语系的国家,如法国、卢森堡以及比利时、加拿大和瑞士的法语区等;3 代表使用德语语系的国家,如德国、奥地利和瑞士德语区;4 是指日本国所出版的出版物;5 是俄语语系国家出版的出版物的代码;7 为我国(未包括香港特别行政区、澳门特别行政区和台湾省)出版物使用的代码。组号具体设置范围见表 2-1 所列。

表 2-1　国际标准书号第一组组号具体设置范围

组号位数	设置范围	可分配的组区数	每组号允许出版的出版物的数量(万种)	每档总计允许出版的出版物的数量(万种)
1 位	0～7	8	10 000	80 000
2 位	80～94	15	1 000	15 000
3 位	950～997	48	100	4 800
4 位	9 980～9 989	10	10	100
5 位	99 900～99 999	100	1	100
合计	—	181	11 111	100 000

(2) 第二组号码

第二组号码是出版社代码,由其隶属国家或地区的书号中心分配,允许取值范围为 2～5 位数字。出版社规模越大,出书越多,该组号码越短。

(3) 第三组号码

第三组号码是书序码,由出版社自己给出,而且每个出版社的书序号是定长的(数字 9,减去组号和出版社代码所占的位数,就是书序码的位数)。最短的书序码是 1 位,最长的书序码是 6 位。出版社的规模越大,出书越多,书序码越长。

3. 最后 1 位数字

最后 1 位数字是计算机校验码，只有一位，从 0 到 9。

(五) 中国标准书号

中国是世界上最早使用图书统一编号的国家之一。1956 年 2 月，文化部出版局颁发了《全国图书统一编号方案》并实施。全国图书统一编号简称“全国统一书号”，由分类・种次号组成。1972 年 12 月，国务院出版局对《全国图书统一编号方案》进行修订，规定全国统一书号由图书分类号、出版社代号和序号组成。1982 年，我国正式加入国际标准书号(ISBN)组织。1986 年 7 月，国家出版局发布了《中国标准书号》(GB/T 5795-1986)，并于 1987 年 1 月 1 日起正式实施。“中国标准书号”于 1988 年起正式取代原来的“全国统一书号”。《中国标准书号》规定，一个中国标准书号由两部分组成，第一部分是国际标准书号(ISBN)，第二部分是图书分类・种次号。2002 年1 月，我国对《中国标准书号》进行第 1 次修订，删除了原来中国标准书号的第二部分即分类・种次号部分，统一采用国际标准书号作为中国标准书号，我国的书号表达方式与国际标准相接轨。2006 年，我国又依据《国际标准书号》(第四版)再次修订了 2002 年版的《中国标准书号》，我国标准书号由10 位数字升为 13 位数字，该标准于 2007 年 1 月 1 日起正式实施。

第二节　出版业管理理论基础

一、知识产权法学理论

（一）知识产权的概念

知识产权是指权利者对其智力劳动成果依法享有的占有、使用、处分和收益的权利。知识产权是一种无形财产，它和我们的住房、汽车等有形财产一样都受到法律的保护；同时，知识产权也具有价值和使用价值。有些著名的作品和著名商标的价值远远高于有形财产。

（二）知识产权的分类

知识产权分为两类：一类是著作权，如语文著作、音乐著作、美术著作、电脑程序著作等；另一类是工业产权，包括发明、实用新型、外观设计、商标等。在我国工业产权主要是指商标专用权和专利权。知识产权属于民事权利范畴，也就是私权。

著作权又称为版权，是指法律规定的单位或个人对某项著作享有的印刷、出版和销售的权利，其他人若要复制、翻译、改编、演出该著作都要经过权利人的许可，否则就构成侵权。这些著作包括自然科学、社会科学、文学、音乐、戏剧、绘画、雕塑、摄影和电影等方面的作品。狭义的著作权包括发表权、署名权、修改权等，广义的著作权包括狭义的著作权、邻接权、计算机软件著作权等。著作权分为著作人身权和著作财产权。

（三）知识产权的特点

知识产权有以下特点。第一，知识产权是独占性的权利。只有权利人才能享有知识产权，不经过权利人的许可，他人不得行使该权利。第二，知识产权是一种无形的权利。知识产权是权利人对其智力劳动成果享有的权利，是指权利人对在科学、技术、文化、艺术领域从事的所有的智力活动以及由这些智力活动所创造的精神财富依法享有的权利，而不是大家经常看到的对物质所享有的权利。这种智力成果可以是思想，也可以是思想的表现。知识产权与电、气等无形财产不同，与抵押权、商标权也不同，它是人的智力劳动的产物。第三，由知识产权所取得的利益既包括经济性的也包括非经济性的，两者是结合在一起且密不可分的。第四，知识产权具有地域性和时间性的特点。知识产权的地域性是指知识产权是依据一国的法律所取得的权利，并且这种权利只在该国境内有效，只受该国的法律保护（国际公约或双边、多边协定除外）。知识产权的时间性是指知识产权是有一定期限的，当该权利的期满以后，权利自动终止。

（四）知识产权的作用

知识产权调动了人们研究科学技术和创作文学艺术作品的积极性，在法律上为人们享有智力成果的各项权益提供了保障，为智力成果的推广和应用提供了法律支持，促进了人类的进步和社会的发展，对健全我国法律体系、建设社会主义法治国家具有深远的意义。

二、知识产权管理理论

知识产权管理包括两方面的含义：一方面是指国家相关部门为贯彻实施知识产权相关法律制度，维护知识产权人的合法权利和利益，进行的一系列行政活动和司法活动；另一方面是指知识产权人为使自身的智力成果最大限度地取得经济效益和社会效益，而制定一系列规章制度、采取一系列措施、实施一系列策略的经营活动。

知识产权管理属于一个系统工程，包括战略规划、系统设计、过程监控、策略实施、人员培训、创新、整合等一系列管理行为。在我国，知识产权制度的主要要素由知识产权管理和知识产权创造、知识产权保护及利用共同构成。知识产权管理的运作贯穿于知识产权创造、保护和利用的各个环节之中。同时，从宏观管理的角度看，知识产权管理的内容还包括知识产权立法、司法保护、行政许可、行政执法行为等。从企业管理的角度看，知识产权的有效管理贯穿于企业的知识产权产生、实施以及维权的各个环节之中。

本书所讲的出版属于著作权中专有出版权的范畴。《中华人民共和国著作权法》规定，专有出版权是出版单位依据合同所取得的在合同有效期内及在合同约定的地域范围内以同种文字的原版、修订版出版图书的专有权利。专有权利是一种独占的、排他的权利。在知识产权体系中，出版权是一项普通的民事权利，但在著作权法中的专有出版权是指作者的著作权利以印刷出版的方式复制及发行的权利。由于我国对出版管理的限制，专有出版权只能由著作权人以合同的方式授权给出版社，著作权人在以合同的形式授权给出版社后以及在合同的有效期内则丧失了该项权利。

相对于专有出版权的私权，对出版的管理则属于公权。公权，即公权力，它是指由国家赋予的并由国家强制力为后盾的、以管理社会公共事务和谋取公共利益为目的的一种国家强制权力。公权力是个人权利实现的手段与保障。在法治国家中，私权利享有高度的自由，公民个人可以不受其他任何人干扰地在权利的范围内任意支配自己的行为、处分自己的权利。但是，私权利不是没有边界、没有限制的。私权利的本质是为了谋取私人的利益，因此在市场经济发育尚不健全、市场经济秩序不是很规范的情况下，国家应适当地对私权利予以干预，也就是说公权力对私权利进行适当干预是非常必要的。但是，公权力对私权利的干预、限制甚至是剥夺必须要有明确的法律依据，私权利只有在和社会公共利益相冲突或者是在社会公共利益需要的时候，才可以被限制或剥夺。因此，作为私权利的知识产权享有广泛的自由，行政管理部门一般不得对其进行干涉，但是若出版产品危害到了社会公共利益，行政管理部门就应该对其予以纠正、加以制止，甚至进行必要的处罚。①

① 郑成思. 知识产权论[M]. 北京：法律出版社，2007.

第三章　出版业政府管理的必要性分析

目前，政府管理理论在西方发达国家已经得到了广泛应用，并有效发挥了作用。在调控市场过度竞争、调整市场结构、减小甚至消除垄断行为对公众利益造成的损害等方面，政府管理理论都显示了其有效性和合理性。我国出版业正处于快速发展阶段，合理有效地运用政府管理理论，既顺应了世界出版业的发展趋势，也可以促进我国出版业中各种问题的有效解决。因此，政府管理理论的科学、合理、有效运用，在理论上具有可行性，在实践中具有必要性。

第一节　政府管理与出版自由

行政管理与出版自由既是限制关系，又是保障关系，保障是第一位的，限制管理是第二位的，行政管理的最终目的是通过合理、有效的手段保障出版自由的实现。

一、出版自由的外延

(一) 出版自由与表达自由

1. 出版自由

恩格斯对出版自由的定义比较准确、完整，他认为“每个人都可以不经国家事先许可自由无阻地发表自己的意见，这也就是出版自由”[①]。在我国，1908年，清政府颁布了《钦定宪法大纲》，其中规定，臣民于法律范围内，所有言论、著作、出版及集会、结社等事，均准其自由。中华人民共和国成立后，我国政府先后颁布的几部宪法中都明确规定我国公民享有出版自由的权利。蔡定剑认为，出版自由是指公民享有的宪法赋予的表达思想和发表见解的自由，这些自由需要通过包括文字和图画在内的各种出版物进行表达。蔡定剑将出版的成果，即著作视为出版自由最直观的体现，他甚至将出版自由称作

① 马克思，恩格斯. 马克思恩格斯全集：第11卷[M]. 北京：人民出版社，1960：695.

著作自由。[①] 韩大元、胡锦光认为，在我国，出版自由是指公民可以自由地表达自己的看法、观点和见解，这些看法、观点见解包括国家和社会各项事务、经济和文化事业等各个领域。而公民表达的载体也是多方面的，包括图书、报纸、杂志、音像出版物、电子出版物等。[②] 通过搜索、整理多种文献可以看到，我国学者对出版自由的含义普遍认为包括两个方面：一方面是指公民有权在出版物上自由地发表自己的作品，即所谓著作自由；另一方面是指在宪法和各种法律法规的许可范围内，各种出版机构的设立和管理，出版机构包含出版社（图书出版社、音像出版社、电子出版社）、杂志社、报社等。

2. 表达自由

表达自由又称为表达权。表达自由是宪法中规定的自由权利的重要内容之一，是社会民主的重要前提和基础。西方国家宪法学和法学理论研究体系中，通常把表达权视为公民最根本的权利或者说是公民的第一权利，并且认为表达权是其他各项自由权利的源泉和条件。法国于 1789 年制定的《人权宣言》中规定：自由传达思想和意见是人类最宝贵的权利之一。因此，每个公民都有言论、著述和出版的自由。马克思曾深刻地指出，发表意见的自由是一切自由中最神圣的，因为它是一切的基础。[③]

1948 年，联合国通过《世界人权宣言》，其中第十九条规定：人人

① 蔡定剑. 宪法精解[M]. 北京：法律出版社，2004：222.

② 韩大元，胡锦光. 中国宪法[M]. 北京：法律出版社，2004：242.

③ 马克思，恩格斯. 马克思恩格斯全集：第 11 卷 [M]. 北京：人民出版社，1995：573.

有主张及发表自由之权。该项权利包括人人都有保持主张且不受他人干涉的自由，也包括人人都有利用各种方法寻求信息、接受信息、传播信息的自由，这些自由没有国界划分、没有地区差别。以此为基础，之后世界上各类国家间签署的各种人权公约，都制定了类似的表达权利条款或者更为相近的条款，以保障表达自由的实现。很多国家在宪法中也据此制定了有关表达权利的条文。

例如，欧洲理事会在1950年签署的《欧洲人权公约》，第十条规定：人人享有表达自由的权利。此项权利应当包括在不分国界的基础上，人人有权持有主张，以及有权接受、传播各类信息和思想，而不受任何公共机构的干预。显然，该项条款就是在《世界人权宣扬》有关表达权利基础上进行的详细解释。又如，联合国大会于1966年通过的《公民权利和政治权利国际公约》，第十九条规定：人人享有持有主张的自由，而不受任何干涉；人人有权自由发表意见。该项权利具体包括人人有权寻求、接受、传递各类信息和思想，而这些权利不分国界，也不分形式，既包括口头的、文字的、印制的、各类艺术表达形式的以及公民自己选择其他任何媒介所进行的表达。我国于1998年签署了《公民权利和政治权利国际公约》。《中华人民共和国宪法》第三十五条规定：中华人民共和国公民有言论、出版、集会、结社、游行、示威的自由。

关于表达自由的概念和内涵，各领域专家学者有着不同的观点，对表达自由的内涵和外延的论述各有千秋。《牛津法律大辞典》指出，言论和表述自由是指公民在任何问题上均有以口头、书面、出版、广播或其他方法发表意见或看法的自由。[1] 我国学者甄树青在《论表达自由》一书中将表达自由的内涵划分为九个方面进行论述。[2] 李怀德认为，表达自由是言论、出版、著作、新闻等自由的合称，是指公民有权通过口头、书面或音像设备，自由地表达自己的思想和意见。[3] 齐小力认为，表达自由是指公民通过口头、书面以及互联网、影视作品、录音、电子出版物和其他媒介表达思想和见解的自由。[4] 吴汉东认为，表达自由即言论主体利用一定的传播媒介，对国家和社会的各种问题自由地表达意见、传递并获取信息的权利。[5]

通过以上分析可以看出，关于表达自由，虽然在《世界人权宣言》《公民权利和政治权利国际公约》等国际人权公约和各国宪法中，存在不同的称谓或者定义，也存在不同的表述，但是对表达自由所包含的内容都有比较一致性的概括，即包括言论自由、出版自由、新闻自由等，而言论自由和出版自由是最重要的表达权利。[6] 因此，可以认为，表达自由是指在法律许可的范围内，公民享有的不受其他任何机构、组织和个人利用非法手段剥夺、限制的，利用图书、报纸、期刊、广播、电视、网络等各种公共媒体，公开发表和传播观点、意见以及表达各种主张等的自主性权利。

---

① 沃克. 牛津法律大辞典[M]. 北京：光明日报出版社，1988：354.

② 甄树青. 论表达自由[M]. 北京：社会科学文献出版社，2000.

③ 李怀德. 论表达自由[J]. 当代法学，1988(6)：17.

④ 齐小力. 论表达自由的保障与限制 [J]. 中国人民公安大学学报(社会科学版)，2010(2)：42.

⑤ 吴汉东. 知识产权领域的表达自由：保护与规制[J]. 社会科学文摘，2016(7)：82.

⑥ 王家福，刘海年. 世界人权百科全书[M]. 北京：中国大百科全书出版社，1998：50.

(二) 言论自由与表达自由

1. 言论自由

言论自由是资产阶级革命的产物。资产阶级革命的根本目的是推翻封建专制，言论自由是实现这一目的重要条件之一。言论自由可以让资产阶级向其他受压迫阶级宣传封建专制制度的危害性，向其他受压迫阶级传播资产阶级的政治理论，也可以动员其他受压迫阶级与资产阶级一同反抗、推翻封建专制制度。

言论自由的口号是由英国资产阶级政治家、诗人约翰·弥尔顿于1644年在《论出版自由》一书中首先提出的。资产阶级在“天赋人权”“社会契约”思想的指导下，将人身自由、言论自由和财产自由等视为人人生来就享有的、平等的、不容侵犯也不可转让的神圣权利。我国学者甘藏春、郑毅关指出，言论自由不单是指讲话的自由，确切地讲是指公民通过出版及其他手段来表达自己思想的自由。它在外在形式上表现为出版自由、学术自由、新闻自由等等，因而在宪法理论上又被称为“意见自由”或“表达自由”。[①] 李斯颐对言论自由的定义做了较为准确的表述，他指出，言论自由是指公民在法律规定或法律未加禁止的范围内，通过口头语言、书面语言或象征性语言等形式，按照自己的意愿发表意见、交流信息的权利。[②]

2. 言论自由与表达自由的关系

表达不等同于言论，表达包含言论。因此，表达自由既包含言论

---

① 甘藏春，郑毅关. 关于言论自由的宪法保障[J]. 当代法学，1987(1)：49.

② 李斯颐. 言论和出版的自由与界限[J]. 新闻与传播研究，2002(1)：75.

自由，也包含出版自由、视觉和形体等艺术表现形式的自由以及网络表现形式的自由。言论自由是表达自由的形式之一，表达自由具有更大的外延。

(三) 出版自由与政治自由

出版自由与政治自由是种属关系，主要原因在于出版自由所包含的政治价值。出版自由是一种沟通权利，在政府与公民之间、各个机关部门与公民之间、企事业单位与公民之间，进行信息传递和发生各种联系的过程中，发挥着纽带的作用，使他们之间不只是沟通联系，还相互约束，从而达到一种关系的平衡。

民主责任理论认为，制定、实施有关政策措施的机构组织，只有受到利益受影响方的制约，利益受影响方才可能对这些机构组织产生信任感。① 我国学者马洁从系统论的观点出发对出版自由和政治自由的关系进行了研究，认为应该把政治自由看作是一个大的系统，出版自由是政治自由这个大系统中的子系统，或者说是其中的一个组成部分，不能将出版自由与政治自由分开研究，不能把出版自由孤立于政治自由之外。②

因此，出版自由作为政治自由的一个要素和组成部分，必须受到政治自由的限制和制约。

---

① 门贝利. 浅议表达自由的自由度[J]. 法治与社会，2001(3)：295.

② 马洁. 当代我国出版自由研究[J]. 唐都学刊，2011，27(2)：126.

二、政府对出版自由的管理

（一）出版自由是宪法性权利

马克思说："没有出版自由，其他一切自由都是泡影。"[①]出版自由是公民自由表达观点、思想和进行各种主张的一项重要权利，是其他一切自由权利的前提和基础。出版自由在国家发展中发挥着巨大的作用，有助于弘扬社会民主，有效监督国家权力的行使，推动经济文化的繁荣与发展。民主社会，必须充分利用各种方式，尤其是制定完善的法律体系，对公民的出版自由进行大力保护，维护公民的基本自由权利。随着立宪主义的兴起和应用，国际社会对公民的表达自由给予充分认可，制定的一系列权利公约中都将表达自由列为一项重要的权利；世界上绝大多数国家在立法上，也将表达自由作为国家宪法所赋予公民的重要基本权利。马尔赛文和唐在《成文宪法的比较研究》一书中指出，世界上 142 部成文宪法中，有 124 个国家的成文宪法规定了公民有包括言论自由、出版自由等在内的发表意见的自由，所占比例为 87.3%；有 16 个国家的成文宪法对出版自由做了专门的规定，所占比例为 11.3%。[②]

因为出版自由具有宪法意义上的重要价值，所以其作为人的基本权利而受到宪法的保护。早在 19 世纪，英国思想家约翰·密尔就对出版自由所蕴含的宪法意义的重要价值，进行了深入的探讨。密

---

① 马克思，恩格斯. 马克思恩格斯全集：第 1 卷[M]. 北京：人民出版社，1995.

② 马尔赛文，唐. 成文宪法的比较研究[M]. 中译本. 北京：华夏出版社，1987：149-150.

尔认为，国家充分保护表达自由至少有三个方面的缘由：首先，任何公民的任何见解都具有正确的可能性；其次，一种见解可能只具有部分正确性，如果对这一见解全部进行压制和否定，这一见解的正确部分也无法表达；再次，一种见解全部是错误的，遇到这种情形也不应当对其进行压制，因为压制错误的见解将导致正确的见解由此缺乏竞争环境而失去应有的活力。①

在我国，《中华人民共和国宪法》第三十五条规定，中华人民共和国公民有言论、出版、集会、结社、游行、示威的自由。《出版管理条例》第五条规定，公民依法行使出版自由的权利，各级人民政府应当予以保障。《出版管理条例》第二十三条规定，公民可以依照本条例规定，在出版物上自由表达自己对国家事务、经济和文化事业、社会事务的见解和意愿，自由发表自己从事科学研究、文学艺术创作和其他文化活动的成果，合法出版物受法律保护，任何组织和个人不得非法干扰、阻止、破坏出版物的出版。

（二）出版自由可以防止公权力滥用

出版自由是宪法所赋予的基本权利，是表达自由的一种，兼具经济属性与政治属性。出版自由具有的宪法性权利属性，决定了其具有监督公权力的作用，公民可以利用出版自由这项权利对抗公权力。弥尔顿在《论出版自由》一书中号召“首先举起思想自由、言论自由和出版自由的大旗，对专制主义的书报检查进行强烈的谴责”②。言论

① 密尔. 论自由[M]. 许宝骙，译. 北京：商务印书馆，2011：11.

② 转引自徐艳. 表达与沉默[J]. 理论与思考，2007(3)：8.

自由、出版自由等在资产阶级推翻封建专制的过程中起到了巨大作用，成为资产阶级的重要的思想武器。列宁曾说："出版自由这个口号，从中世纪末直到19世纪，在全世界成了伟大的口号。"[①]

人民大众通过利用出版自由这个强大的思想武器推翻了封建专制制度、取得了民主革命的胜利后，将出版自由作为公民的基本权利，用法律的形式在宪法中体现。但是，这并不能保障出版自由不受到侵害，也不能保障出版自由与公权力不会引发冲突。政府代表国家管理着社会中各种各样的关系，难免会出现过度管理甚至侵犯公民各种自由的可能，以致出现出版不自由的现象。遇到这种情况时，公民就可以利用宪法所赋予的出版自由这项基本权利与公权力进行对抗，以防止公权力的滥用。《中华人民共和国宪法》第四十一条规定：中华人民共和国公民对任何国家机关和国家工作人员，有提出批评和建议的权利；对任何国家机关和国家工作人员的违法失职行为，有向有关国家机关提出申诉、控告或者检举的权利，但是不得捏造或者歪曲事实进行诬告陷害。对公民的申诉、控告或者检举，有关国家机关必须查清事实，负责处理。任何人不得压制和打击报复。由于国家机关和国家工作人员侵犯公民权利而受到损失的人，有依照法律规定取得赔偿的权利。

(三) 出版自由的边界

马克思在《哥达纲领批判》中指出，权利永远不可能超出社会的

---

① 列宁. 列宁全集：第32卷[M]. 北京：人民出版社，1985：491.

经济结构及其经济结构制约的社会文化的发展。[①] 法国《人权宣言》第四条指出，自由就是指有权从事一切无害于他人的行为；第十一条规定，公民享有出版自由的权利，但在法律所规定的情况下，应对滥用此项自由负担责任。孟德斯鸠在《论法的精神》一书中指出：自由是做法律所许可的一切事情的权利；如果一个公民能够做法律所禁止的事情，他就不再有自由了，因为其他的人也同样会有这个权利。[②] 毛泽东曾说，民主是对集中而言，自由是对纪律而言的。[③]

公民的任何自由，都必须在法律法规允许的范围内，都应当受到法律法规的约束，都应当遵循道德标准的要求，这其中当然包括言论自由和出版自由。作为宪法性的权利，言论自由、出版自由虽然是宪法所赋予的、受到宪法的保护，但是这种保护也是有界限的。这种界限包括很多方面，如：公民在行使言论自由、出版自由时，不得侵犯他人的名誉权、隐私权，不得发表各种扰乱社会秩序的言论，不得煽动他人实施违法犯罪行为，等等。《出版管理条例》对出版自由做出明确的限制，其中第二十五条规定，任何出版物不得含有下列内容：反对宪法确定的基本原则的；危害国家统一、主权和领土完整的；泄露国家秘密、危害国家安全或者损害国家荣誉和利益的；煽动民族仇恨、民族歧视，破坏民族团结，或者侵害民族风俗、习惯的；宣扬邪教、迷信的；扰乱社会秩序，破坏社会稳定的；宣扬淫秽、赌博、暴力或者

---

① 马克思，恩格斯．马克思恩格斯选集．第 3 卷[M]．北京：人民出版社，1995：305.

② 孟德斯鸠．论法的精神：上册[M]．张雁深，译．北京：商务印书馆，1961：154.

③ 毛泽东．毛泽东著作选读：下册[M]．北京：人民出版社，1986：762.

教唆犯罪的;侮辱或者诽谤他人,侵害他人合法权益的;危害社会公德或者民族优秀文化传统的;有法律、行政法规和国家规定禁止的其他内容的。

怎样才能对出版自由进行有效的限制呢?1919 年,美国霍姆斯大法官首度提出“明显且即刻的危险”基准,并在美国宪法判例上采用。霍姆斯指出,只有当一种表达行为同时满足三个条件时才可以被限制:第一是这种表达行为很有可能在最近的时间产生实际意义上的危害;第二是这种表达行为所造成的实际意义的危害非常重大且棘手;第三是对这种表达行为所采取的限制方式必须是必要的。[①]霍姆斯提出的“明显且即刻的危险”基准对我国政府界定和限制出版自由具有非常重要的意义。除了该理论以外,专家学者还提出了“恶劣倾向原则说”“优先原则说”“比例原则说”等等,其中“恶劣倾向原则说”是指,政府不能等到某种言论已经造成了实质性的危害,才想办法被动地采取措施来保证安全。政府应该根据自己对该种言论的判断,想方设法将其可能造成的危害扼杀在摇篮之中。也就是说,即便政府不能准确地判断该种言论一定会对社会造成某种危害,但是只要根据实际情况确认该种言论具有造成危害的可能性,政府便有权力也必须想尽办法制止该种言论。“优先原则说”认为,出版自由是宪法赋予公民的最基本的自由,是公民所享有的最基本的权利,因此公民具有优先享有该项自由的权利,政府对该项权利的限制应该审慎而为,力争将其控制在最小的且最合理的范围之内。“比例原则

---

① 转引自张千帆. 宪法学讲义[M]. 北京:北京大学出版社,2011:523-541.

说”又被称为“衡量说”，英国著名经济学家、哲学家约翰·穆勒在《论自由》一书中举了一个例子。当一个人执意要过一座极度危险的桥时，为了避免悲剧的发生，作为旁观者可以采用两种方式保护这个人。第一种方式是，旁观者对这个人进行劝阻，告诫这个人该座桥很危险，如果过桥会对其造成伤害甚至酿成惨剧，使其意识到这座桥的危害性，从而主动放弃过桥。另一种方式是，旁观者不管这个人有没有意识到这座桥的危害性，也不管其到底同不同意选择放弃过桥，都会采取强制性的措施甚至是采取武力的方式，强行将这个人从桥上拉回来。穆勒认为，在时间充足、各方面条件都允许的情况下，旁观者应该首先选择第一种方式救人，但是，当旁观者判断这个人的生命安全已经受到威胁时，应将保护这个人的生命安全放在首位，而不惜采用强制性的措施去限制这个人的自由，以保证这个人的生命安全，因为保护生命安全比限制这个人的自由意义更加重大。①

(四) 政府管理出版自由的理论依据

只有依靠政府的力量，才能保障出版自由的实现。但是，如果政府对出版自由进行过度干预，就会造成公民的出版自由权利被抑制，甚至是损害公民的出版自由权利。同时，如果政府不采取有效措施对出版自由进行合理限制，放任公民毫无节制地享受表达的自由，势必造成一部分人的出版自由权利损害了另一部分人的出版自由权利。也就是说，损害公民出版自由权利的不仅仅是政府，如果政府不

---

① 穆勒. 论自由[M]. 孟凡礼，译. 桂林：广西师范大学出版社，2011.

干预，人人都去无限制地表达自己，就不可能保障每个公民都平等地享有出版自由的权利。

1. 市场失灵理论

在市场经济条件下，市场自身的调节功能并不是万能的。市场有一只“无形的手”，在操控着出版自由的发展方向，尤其是国家在运用最高法律形式的宪法来保护出版自由，并且社会公众和大众媒介都充分享有出版自由权利的时候，市场这只“无形的手”，有时会掩盖社会公众的最真实的声音，甚至会损害一部分公众自由表达的权利。例如，为了追求经济利益的最大化，大众媒体或出版单位必须最大限度地占领市场的时候，他们会将公众真实的声音过滤掉，仅向公众传播对他们有利的信息。这便是市场失灵。这时，政府应及时地站出来，干预并纠正市场失灵，积极有效地发挥自己的作用，对出版市场进行有效调控，从而保障其健康有序发展。但是，政府对市场的干预和调节必须要在合理的范围内，是有一定限度的，政府干预和调节市场的范围应控制在市场失灵的边界之内。

出版产品除了具有经济属性以外，还具有公益性，属于公共产品，是传播先进文化的载体。公众通过出版产品可以接收到各方面的信息，因此出版产品对公众的认知和判断会产生很大的影响，对社会秩序、公众生活、民族素质、文化传承等，都具有巨大的导向作用。因此，世界上各个国家都非常重视政府对出版业的管理。

2. 媒体近用权理论

媒体近用权也叫近用媒体权，是指在一定条件下，社会公众享有的、利用各种大众媒介表达观点、发表言论、表达主张的权利。但是，随着现代媒体传播技术的进步，公众越来越难以接近并使用媒体。例如，出版业在不断的发展过程中，因受到各种经济因素的影响和市场竞争环境的影响等，逐渐形成了行业垄断，尤其是对出版信息市场的垄断，进而导致了思想市场、信息市场的不平衡、不对称。英国著名媒体评论家巴格迪坎曾说，编辑和记者都不得不在新闻和评论的内容上屈从于垄断资本的利益。① 如果公众的思想不能顺利地进入公共领域，公众就失去了充分利用大众媒介的权利；如果公众不能充分利用大众媒介自由地表达观点、发表言论、表达主张，那么公众就有可能利用较为激进的方式来行使自己的自由权利，如游行、示威等。为了防止公众激进行为的发生，甚至防止有可能由激进演变而来的骚乱、暴动等，政府应及时干预，避免公众的媒体近用权受到侵害，保障公众充分享有并合理行使该项权利。由此可知，如果政府对公众的出版自由仅仅加以限制，而不采取措施进行保障，公众将无法行使自己的出版自由权利。反过来，如果政府对公众的出版自由仅仅通过法律法规等各种制度进行保障，就会出现滥用出版自由权利的现象，从而导致公众的出版自由权利无法平等享有，甚至会使整个社会公共利益体系被威胁和破坏。因此，只有通过政府权力、法律法规制度、媒体的中介作用和公众合理运用这四个方面通力配合，才能保证媒体近用权的充分实现，从而保证权力价值的实现。

① 转引自王兆成. 深化出版业改革需正确把握的几个关系［J］. 理论前沿，2004(9)：40-41.

3. 意识形态主导理论

出版是一项话语权,出版产品具有意识形态的属性。每一个统治阶级为了自己的利益需求,会使公众在认知上和价值判断上认同自己、服从自己,因此对出版权的控制非常重视,他们会想方设法地支配出版、操纵出版。只有控制了出版权,统治阶级才能掌握话语权。出版自由是一项政治权利,属于上层建筑范畴。由于经济基础决定上层建筑,在资本主义国家,为了自身的经济利益,资产阶级会想尽一切办法对出版权进行操控,而在表面上倡导人权,标榜言论自由。在我国,无产阶级掌握政权,中国共产党代表最广大人民群众的根本利益,代表广大人民群众管理国家事务和各项事业,当然也包括文化事业。出版工作作为我国文化事业的一个重要方面,其根本目的就是维护最广大人民群众的根本利益,其宗旨就是全心全意为人民服务。列宁指出,出版社和发行所、书店和阅览室、图书馆和各种书报营业所,都应当成为党的机构,向党报告工作情况。有组织的社会主义无产阶级,应当注视这一切工作,监督这一切工作。①

4. 权利与权力关系理论

因为社会发展历程各有不同,资本主义国家与社会主义国家对国家权力和公民权利的关系,存在各自不同的看法。资本主义国家认为国家权力与公民的权利是矛盾的、是相互对立的;社会主义国家认为国家权力与公民的权利是一致的、是统一的。同样,出版自由权

① 列宁.列宁全集:第12卷[M].2版.北京:人民出版社,1987:94-96.

利作为公民的基本权利之一，资本主义国家认为，其与国家权力是对立的，与自身的利益是矛盾冲突的；社会主义国家认为国家应该行使自己的权力对公民的出版自由权利进行充分保护，国家权力与公民出版自由权利是统一的。我国社会主义建设的重要任务之一就是，政府代表人民行使国家权力来建设社会主义精神文明，这也是国家权力保障公民权利实现的一种方式。同时，国家权力在推行国家政策、促进立法、顺利执法的过程中，必须凭借大众媒体的力量，才能实现政治权力的有效运用，从这个意义上来说，公民的出版自由权利并不是一直处于弱势地位和被动状态。

第二节　出版业政府管理的必要性

一、我国出版业改革新局面

改革开放以来，我国出版业创造了辉煌的成绩，我国目前已成为世界公认的出版大国，得到了各国出版同行的赞誉。

党的十一届三中全会使我国开启了改革开放的道路，出版业紧跟国家政策，将拨乱反正、放权让利作为重点工作来抓。1979 年，我国恢复了一部分出版社，同时也恢复了全国大部分出版业务。1981 年，国家扩大了地方出版社的自主经营权，地方出版社开始参与教材出版工作，全国出版行业将保证学生学习用书作为重要任务。1982

年，国家对出版发行体制进行改革，允许出版社自办发行，同时积极开辟出版发行渠道，大力开办民营书店和各级各类图书销售市场。出版发行改革从放活市场、解决“书荒”开始。1983年，中共中央下发《关于加强和改进出版工作的意见》，出版业改革的方向和政策进一步明确，80年代中期，全国出版社数量翻了一番，出版生产力增加了两倍。80年代中后期，随着影音光碟（VCD）、数字化视频光盘（DVD）等先进设备进入我国，音像电子出版兴起，并得到快速发展，音像出版市场出现了繁荣景象。

1992年，邓小平南方谈话、党的十四大召开，我国开始进行市场经济改革。随后，我国政府为加入世界贸易组织进行积极的谈判。出版业改革开放的进程在这一时期加速。

2002年，党的十六大召开，新世纪的前进号角被吹响，国家决定将文化分为经营性文化和公益性文化两大类别，并相应提出文化产业和文化事业两个概念，也提出了文化在这两个方向上的改革路线。与文化两大类别相适应，出版也划分为经营性出版和公益性出版，经营性出版推进了思想观念、政府职能、经营体制、运行机制四大转变，培育了合格的市场主体、新型的公共服务主体、合格的市场管理主体三大主体，建设了农家书屋建设、全民阅读、民族文字出版、国家传播力建设、马克思主义著作修订出版、古籍整理出版、“东风工程”、文化环境净化八大公共服务工程。

党的十八大后，出版业主要是在融合发展、提高质量等方面深入推进改革，进一步巩固了改革开放的成果。

二、我国出版业引入政府管理理论的必要性

第一,我国社会主义市场经济体制下的出版业正处于高速发展阶段,出版业的外部特征和应用条件与政府管理理论相契合。我国实行的是社会主义市场经济体制,目前政府对出版业实行的产业化运作,这是政府对出版业进行监管实践的必要条件。中国特色社会主义进入了新时代,中国特色社会主义市场经济蓬勃发展,这是出版业快速发展的重要外部条件。同时,我国出版业处于转企改制和资本积累的初始阶段,属于产业化发展的初期阶段,需要吸收和借鉴政府管理理论的有效合理经验,这是政府管理理论引入和运用的外部条件。

第二,我国出版业发展出现了一系列问题,如信息垄断、价格水平、内容提供等,政府介入管理可以有效地解决这些问题。我国正处在经济转型的特殊时期,市场格局较为复杂,政府垄断与市场自由并存,市场结构和市场行为出现了一些不合理的现象,阻碍了市场经济的发展。这种现象同样在出版业中存在,出版业在我国属于国家行政垄断,市场进入门槛高,长期存在信息不对称和外部不经济的现象,目前发展进入瓶颈期。因此,只有通过政府的有效管理,才能逐步解决上述问题,保证出版业市场的公平竞争,实现资源的有效配置,维护出版业市场的健康发展。

第三,政府管理理论相对成熟,可以科学有效地指导我国政府相关机构解决出版业的各种问题,并规范出版业市场的竞争秩序、维护

出版业市场的合理结构。我国出版业由于其特殊性且政府管理理论尚未形成，长期受到国家和政府的严格审查和全面管理，因此政府管理不具备科学性。随着市场经济的繁荣，传统出版业逐渐形成一定的规模，传统政府管理成为对传统出版业的主要管理手段。而随着市场经济进一步繁荣发展，出版业也迎来了蓬勃发展的崭新时期，内容创新、技术创新、媒介融合等成为目前出版业发展的特征，原有落后僵化的政府管理方式早已不能对繁荣发展的出版业进行有效管理，必将被先进科学的政府管理方式所取代。已趋向成熟的政府管理理论，既可以针对出版业的全面发展提供管理理论支撑，也可以在管理实践中，制约出版业市场的不良竞争、指导出版机构规避风险、激发出版机构创新发展的动力和活力。

三、我国出版业政府管理体制中的主要问题

(一) 体制性问题阻碍出版业快速发展

中华人民共和国成立初期，党和政府成立专门机构，制定出版法律法规和规章制度，积极构建出版法律体系，以充分保障出版自由的实现。随着社会主义市场经济的不断发展、法治建设的不断推进以及信息技术和信息产业的繁荣发展，出版业政府管理制度出现了很多问题、面临着巨大的挑战，亟须进一步深化改革。政府在改革发展中发挥着巨大的作用，积极推动了出版机构的转企改制、促进了出版机构的转型升级。改制以前，出版单位的体制是事业性质、企业化管理，不参与市场竞争，缺少活力。政府管理制度宽松，可能导致出

版业缺少有效的管理；政府管理制度过紧，则可能影响出版业改制的效果，影响市场主体的独立性和自主性。

目前，从体制上讲，出版业的生产力还没有彻底解放。经过长期的探索和研究，我国政府将出版业文化体制改革的目标设定为彻底打破原有格局、解放和发展文化生产力，并于2003年正式启动出版业体制改革。通过不断探索和实践，出版业体制改革获得了巨大的进步、取得了重大成就，与改革前相比具有重大突破。但是，还存在一系列问题，如出版业市场缺乏有效竞争，没有形成良好的竞争体系；出版业市场不够开放、多元；出版单位对政府的依赖程度依然显著，没有形成全面的独立模式，不是独立经营的市场主体。因此，出版业体制改革任务艰巨、道路漫长。

（二）文化实力与政治、经济实力不协调

中华优秀文化是中华民族的灵魂，社会主义文化建设是我国的基础建设。经过我国多年的改革开放和人民的艰苦奋斗，我国的经济实力位居世界前列，政治影响力日益增强，但是我国的文化却没有跟上政治和经济的步伐，没有实实在在地“走出去”，没有将中华优秀文化和我国灿烂的文明史展现给世界人民。出版业作为社会主义文化建设的重要方面，应该充分利用自身优势，走出国门，走向世界，将我国光辉灿烂的文明展示给世界人民，将我国的优秀文化传递给世界人民，从而有效增强我国的文化实力和国际竞争能力，为我国社会主义文化建设贡献出自己的力量，这也是出版业未来发展的重中之重。

出版业处于文化产业的核心地位，一个国家的文化实力如何，在很大程度上取决于出版业的发展，出版业的发展程度也反映了一个国家文化实力的强弱。我国出版业经过一系列改革创新，其传播力、宣传力显著提高，国际影响力显著增强，但是仍然没有赶上经济发展的步伐。与西方国家的出版业发展相比，我国新闻出版业 GDP 占比太低，远远没有达到国家对出版业的规划要求。这些问题产生的原因是多方面的，比如，我国出版单位的数量太少、出版规模很小、传播力和宣传力比较薄弱，国家文化软实力还不强；我国出版产品的单品发行量不大，畅销书、精品书不多，能在世界范围内产生较大影响的优秀作品不多；我国出版产业实力不够强大，缺少资本投入，资本运作能力较为薄弱，不能有效参与国际竞争，不能与国际知名出版机构相抗衡。因此，我国出版格局必须创新和重新建构。

（三）国际竞争力不强

我国出版社数量少、规模小、实力不强，无法与国际出版传媒集团相比拟。欧美发达国家的一些出版巨头借助雄厚的资本，不断扩张市场，增强自身影响力，他们的年销售额甚至是我国出版单位的数千倍。例如，一本《哈利·波特》在全球可以销售 4 亿多册。作为世界图书出口第一大国的美国，其出版商依靠着不断创新、不断打造新热点，每年图书出口金额都接近 20 亿美元。随着经济全球化的不断深入，出版单位必然要作为市场主体参与市场竞争，竞争就要靠实力。所以，我国出版业要以资本为纽带，重新构建出版格局，才能在国际市场竞争之中占有一席之地。

(四)行业发展处于特殊时期

目前,出版业正在进行转型升级阶段,必须打破原有的传统格局,建立适应当今社会和经济发展的全新格局。在新旧格局转型阶段,出版产业已不能适应经济发展,出版产品已不能满足大众的精神文化需求。转型期间,出版业的监管缺位与市场失灵问题并存,主要表现在三个方面。第一,我国出版业面临着种种挑战,日益加剧的市场竞争环境,国际出版集团的强势进入,各种智媒体的不断冲击,等等。第二,我国的经济发展快速且平稳,为出版业的发展提供了坚实的物质基础;人民群众的物质条件不断提升,精神文化需求不断提高,对文化的消费观念不断升级,出版市场具有良好的发展前景。第三,党和政府对社会主义文化建设一向高度重视,中国特色社会主义事业筑起了经济建设、政治建设、文化建设、社会建设和生态文明建设"五位一体"的总体布局,出版业的改革和创新具有稳固的社会基础,出版业的发展迎来了前所未有的机遇。

四、我国出版业政府管理的必要性

我国出版业已进入产业化运作阶段,出版业的发展呈现了多元化和规模化特征,思潮激荡、市场失灵、文化萎靡等问题和现象日趋突出,政府对出版业进行有效监管,可以科学引导舆论导向、调节市场行为、推进文化创新、创造积极向上的文化氛围,从而实现社会资源的高效配置和公众福祉的增加。

（一）政治因素

我国出版业的意识形态属性，决定了其肩负着坚持党的正确政策方向、引导舆论导向的重要政治任务。

1. 内部因素

2020年10月14日，习近平总书记在深圳经济特区建立四十周年庆祝大会上讲话时指出，我国正处于实现中华民族伟大复兴的关键时期，经济已由高速增长阶段转向高质量发展阶段。我国社会主要矛盾发生变化，人民对美好生活的要求不断提高，经济长期向好，市场空间广阔，发展韧性强大，正在形成以国内大循环为主体、国内国际双循环相互促进的新发展格局。同时，我国经济正处在转变发展方式、优化经济结构、转换增长动力的攻关期[①]。在经济转型、社会结构变革、利益格局重构的背景下，各种社会矛盾如民生、就业、教育、医疗等日渐突出，社会公众对美好生活的期望日渐提高。为了社会公众牢固树立为新时代建功立业的自信心，为了建立创新、开放、和谐、健康的社会文化环境，党和政府应加速推出一系列主题出版产品，阐释中国特色社会主义，阐释社会主义核心价值观，阐释中华民族伟大复兴的中国梦，推进公众建功新时代的自信心和自觉性。然而，包含错误倾向和观念的出版产品时有出现，有的图书甚至在中国的精神气质、家庭伦理关系、教育教学制度等方面提出了背离社会主

① 习近平.论把握新发展阶段、贯彻新发展理念、构建新发展格局[M].北京：中央文献出版社，2021：408.

义核心价值观的观点。鉴于出版业的政治功能和社会影响力，政府势必将其作为重要的执政工具，强化出版工作的党性原则，坚持政治家办出版的原则，以正面宣传为主，加大对出版业的规范和指导，使其始终聚焦于执政思想的宣扬、理论研究的创新、文化传统的传承、服务社会公众的审美需要。

2013 年 8 月 19 日，习近平总书记在全国宣传思想工作会议上讲话时强调，宣传思想工作一定要把围绕中心、服务大局作为基本职责，胸怀大局、把握大势、着眼大事，找准工作切入点和着力点，做到因势而谋、应势而动、顺势而为。他指出，宣传思想工作就是要巩固马克思主义在意识形态领域的指导地位，巩固全党全国人民团结奋斗的共同思想基础。要深入开展中国特色社会主义宣传教育，把全国各族人民团结和凝聚在中国特色社会主义伟大旗帜之下。要加强社会主义核心价值体系建设，积极培育和践行社会主义核心价值观，全面提高公民道德素质，培育知荣辱、讲正气、作奉献、促和谐的良好风尚。要树立以人民为中心的工作导向，把服务群众同教育引导群众结合起来，把满足需求同提高素养结合起来，多宣传报道人民群众的伟大奋斗和火热生活，多宣传报道人民群众中涌现出来的先进典型和感人事迹，丰富人民精神世界，增强人民精神力量，满足人民精神需求。①

2. 外部因素

2021 年，我国国内生产总值比 2020 年增长 8.1%，经济增速在

① 习近平. 论党的宣传思想工作[M]. 北京：中国文献出版社，2020：14-16.

全球主要经济体中名列前茅；经济总量达 114.4 万亿元，按年平均汇率折算，达到了 17.7 万亿美元，位居世界第二。我国全部工业和制造业增加值分别为 37.3 万亿元、31.4 万亿元，居世界第一位。货物贸易和外汇储备居世界首位，服务贸易、对外投资和国内消费市场规模位居世界第二。我国经济保持较快增长，并拉动了世界经济增长。2020 年，世界经济负增长，我国经济正增长，对世界经济的拉动作用十分显著，我国经济对引领全球经济复苏发挥了重要作用。同时，创新驱动发展收获新成果，高技术产业快速发展。2021 年，规模以上医药制造业、航空航天器及设备制造业、电子及通信设备制造业、计算机及办公设备制造业增加值分别比 2020 年增长 24.7%、17%、18.3%和 18%；信息传输、软件和信息技术服务业增加值增长了 17.2%。[①] 国家战略科技力量加快壮大，天问一号探测器成功着陆火星，神舟十二号、神舟十三号载人航天任务相继完成，国家实验室也都投入运行。我国的经济实力、军事实力和科技实力都塑造了我国强大的国际形象。然而，西方国家由于对社会主义意识形态存在偏见，并出于对本国国际战略和利益的考量，不愿意看到中国强盛，不愿意承认中国强盛。西方的主流意见是不允许中国崛起对西方的优势地位构成威胁。[②] 西方国家不断挑衅我国的国家主权和领土完整，恶意攻击我国的民主、人权等，近年来，又通过各种组织对个别立场

① 国家统计局局长就 2021 年国民经济运行情况答记者问[N]. 国家统计局网站，2022-01-17.

② 外媒：中国崛起挑战西方价值观[N]. 参考消息网，2016-03-17.

不坚定的学者进行资助，让他们通过出版著作这种较为隐蔽的方式来宣扬西方的价值观和宗教极端思想，企图滋生事端、破坏我国的稳定。

由此可见，我国出版领域与西方国家出版领域的竞争，在一定层面上可以看作是我国政府与境外势力的斗争，是不同意识形态之间的博弈。因此，我国政府对出版业的管理，是坚定社会主义意识形态，抵御西方价值观、极端宗教主义思想、民族分裂思想的渗透，维护我国统一和社会安定的重要武器。

（二）经济因素

2013 年 2 月 26 日，习近平总书记出席党的十八届二中全会第一次全体会议并发表讲话，以经济建设为中心是兴国之要，发展仍是解决我国所有问题的关键。只有推动经济持续健康发展，才能筑牢国家繁荣富强、人民幸福安康、社会和谐稳定的物质基础。中共中央政治局分析认为，综合判断，虽然国际经济形势依然错综复杂、充满变数，但我国发展仍然具备难得的机遇和有利条件，同时我国发展仍面临不少风险和挑战，不平衡、不协调、不可持续问题依然突出，有些还相当尖锐。我们要保持清醒头脑，增强忧患意识，深入分析问题背后的原因，因势利导，顺势而为，紧紧抓住并切实用好我国发展的重要战略机遇期。①

2015 年 11 月 23 日，习近平总书记在十八届中共中央政治局第

① 中共中央文献研究室. 习近平关于社会主义经济建设论述摘编[M]. 北京：中央文献出版社，2017：3.

二十八次集体学习时指出，要坚持以人民为中心的发展思想，这是马克思主义政治经济学的根本立场。马克思、恩格斯指出，“无产阶级的运动是绝大多数人的、为绝大多数人谋利益的独立的运动”[①]，在未来社会“生产将以所有的人富裕为目的”[②]。邓小平同志指出，社会主义的本质，是解放生产力，发展生产力，消灭剥削，消除两极分化，最终达到共同富裕。[③] 党的十八届五中全会鲜明提出要坚持以人民为中心的发展思想，把增进人民福祉、促进人的全面发展、朝着共同富裕方向稳步前进作为经济发展的出发点和落脚点。这一点，我们任何时候都不能忘记，部署经济工作、制定经济政策、推动经济发展都要牢牢坚持这个根本立场。

随着文化体制改革的不断推进，图书市场获得了繁荣发展，逐步构建了现代文化企业制度，图书出版作为文化产业，在市场经济体制中构建了市场化的经营模式。出版业实行转企改制，成了市场主体，以市场为导向，获得了更多的自主经营的权力，围绕效益进行经营，实现了出版业发展的多元化、规模化。但是，在快速发展的过程中，也出现了不可避免的问题，如重复建设、资源浪费等。因此，应利用政府监管理论，充分发挥政府的力量，应对出版业的市场失灵现象，合理高效配置社会资源，创建良好的市场环境，增进公众福祉。

---

① 马克思，恩格斯. 马克思恩格斯选集：第 1 卷[M]. 北京：人民出版社，1995：283.

② 马克思，恩格斯. 马克思恩格斯全集：第 46 卷下[M]. 北京：人民出版社，1980：222.

③ 邓小平. 邓小平文选：第三卷[M]. 北京：人民出版社，1993：373.

1. 出版业具有准公共产品属性

公共产品是指整个社会共同消费的产品。公共产品具有非竞争性和非排他性的特点,也就是说,任何一个个体对公共产品的消费,都不会影响到其他人对公共产品进行相同的消费。公共产品的非竞争性是指,公共产品的消费者增加或减少,都不会影响其边际成本,每个消费者消费公共产品时都不会影响其他消费者消费的数量和质量。如国防、外交等就属于非竞争性的公共产品。公共产品的非排他性是指,任何人都不得独享公共产品,如果想要限制其他消费者对公共产品的消费,要么是技术上得不到支持,要么是代价高昂。如空气、环境等都属于非排他性的公共产品。然而,具有绝对非竞争性和绝对非排他性的公共产品极少,大多数公共产品都具有有限的非竞争性和有限的非排他性,且同时具有纯公共产品的特性和私人产品的特性。我们可将这类公共产品称为准公共产品。

图书具有准公共产品的属性。第一,图书具有非竞争性。图书的非竞争性主要针对读者而言,当众多读者阅读同一本图书时,每个读者从这本图书中获取的信息、汲取的知识,都不会因为读者的增加而发生损失。第二,图书具有排他性。读者可以根据自身需要购买图书,任何读者都没有权力限制其他人购买图书。第三,图书的准公共产品属性还体现在文化公益性方面,出版业通过文化创新影响着一个国家的社会秩序和公共生活,发挥着传承民族文化和教化民众的作用。然而,图书的非竞争性也存在一些问题。一方面,图书的非竞争性导致了图书由于某些侵权盗版行为而无法体现其市场价值。另一方面，具有文化传承性质的公益性出版产品，由于无法使出版机构获得相应的经济利益，导致出版机构减少了生产此类产品的积极性。同时，对需要投入大量人力、物力和资金的公益性重大出版工程，出版机构也只能望而却步。因此，政府应对出版业进行合理的行政干预。首先，政府应加强打击侵权盗版行为，维护图书出版机构的利益，维持出版市场的良性竞争，营造良好的出版市场环境；其次，政府应对公益性图书出版工程进行积极的资金投入，并设立出版基金，激励图书出版机构积极为公众提供具有较高文化价值的准公共产品，从而保证社会文化产品的市场供给和精神文明的有效传承。

2. 出版业的外部性特征

图书的外部性特征是指图书具有很强的溢出效应。溢出效应是指，某个组织在进行活动时，不但会产生活动本身所预期的效果，同时也会对该组织以外的人或组织甚至社会产生一定的影响。这种外部性影响可能是有利的，也可能是不利的，而活动组织者并不会因为产生有利影响而获得额外报酬，也不会因为产生不利影响而承担相应成本。当组织对其他人或社会产生没有报酬的有利影响时，称为正外部性；当组织对其他人或社会产生不承担成本的不利影响时，称为负外部性。

图书的正外部性，是指其传播正确的舆论导向，宣扬正确的价值观，弘扬文化的思想精华和道德精髓，展现昂扬向上、和谐稳定的社会风气，为读者带来愉悦的阅读感受，能够提高公众的文化素养等。

相反,图书的负外部性主要表现在,引导不健康的舆论导向,宣传扭曲的价值观,传播低级庸俗的信息等方面。图书的负外部性如果仅仅依靠道德自律和市场调节,则具有很大的局限性,会出现一系列影响社会发展的问题,因此需要政府进行有效监管,激励、促进图书产品的正外部性效应,大力打击具有负外部性的图书产品。

3. 出版业的信息不对称现象

市场监管的有效性通常建立在供求双方信息对称的基础上。但是实际上,市场双方往往存在信息不对称的情况。当一方拥有比另一方更多信息的时候,具有优势的一方在利益的驱使下,会利用信息的不对称性侵害另一方的利益。这时,市场监管的弊端便会显现。

出版业的信息不对称现象非常显著。比如,出版机构和读者之间就存在严重的信息不对称。对读者来说,具有明显的信息劣势。在图书市场中,同类品种的图书较多,读者很难判断哪种图书的内容较好、质量较高,往往仅看哪种图书设计精美就选择哪种。这就造成了图书市场上高低质量的图书并存,严重侵害了读者的正当权益。如果政府不采取有效措施对出版市场的信息不对称现象进行管理,必定会造成处于信息劣势的读者的合法权益受到损害,使出版市场得不到健康有序的发展。因此,政府需要采取措施对出版业进行有效管理,及时向公众披露信息,制定相关标准,确保市场供需双方的信息对称,从而保证出版市场的良性发展。

4. 出版业具有不完全竞争性

完全竞争的市场是不存在的,市场的不完全竞争性必然导致垄断势力的存在，而市场一旦被垄断企业控制，就难以实现资源的有效配置。

出版业是一种具有高度垄断性的产业，其垄断性表现为自然垄断性和行政垄断性两个方面。第一，自然垄断性。出版业是一种边际成本较低的产业，当读者的数量足够庞大时，其成本往往更低。这种经济特性导致了自然垄断的形成。第二，行政垄断性。我国对出版业具有行政垄断的特点，其原因是我国对出版业准入实行严格的行政审批制度，出版资质仅掌握在少数企业手中。同时，出版业也是智力密集型产业，其主流经营思想是内容为王，多数经营企业都在追求精品。但是，也有个别图书出版机构由于生存压力或为追求更多的利润、获得更大的发展，采取粗放式扩张模式，导致了图书出版市场出现了恶性竞争，大量社会资源严重浪费。因此，政府需要采取有效的监管手段，利用科学的监管方式，对市场资源进行有效配置，对违法行为进行严厉打击，并充分利用激励机制，激发出版业的集约型竞争，激励出版业通过内容创新、技术革新，实现科学化、规模化发展。

（三）文化因素

1. 文化积累与传承的需要

在人类的文明发展史中，出版对知识、文化的积累和传播发挥着巨大的作用。造纸术、活字印刷术的发明和应用，现代印刷技术的发展，推动了文化的积累和创造。人类发展的每个脚步、人类改造世界的每个进程、人类创造科技的每个点滴，都被图书实事求是地记录了下来。图书包罗万象，是人类精神文明的硕果。图书将作者的研究成果传达给每一个读者，传播到世界的每一个角落，并随着时间的推移一直传续。因此，政府利用有效的激励机制，对出版业进行监管，可以促使人类精神文明的结晶以文字、图片的形式固定下来，从而发挥推动社会文明和文化进步的重要作用。

2. 社会文化自信的需要

一本经典、优秀的图书，可以使读者心情舒畅、受益终身；而一本拙劣的图书会对读者的身心健康造成影响。近年来，随着互联网的普及，网络快餐文化对人们的生活产生了极大的影响。人们热衷于短平快的快餐文化，对具有深厚文化底蕴的文学经典、学术著作少于研读。特别是广大青少年读者，他们不能对图书质量做出准确的研判，痴迷于漫画、网络小说等粗制滥造的文化，而一些图书出版机构，为了追求经济效益，大力打造该类图书，使图书出版市场形成了恶性循环。长此以往，必将造成社会公众的认知水平、鉴赏能力和思想深度逐渐降低甚至丧失，文化自信无从谈起。

2014 年 3 月 27 日，国家主席习近平在巴黎联合国教科文组织总部发表重要演讲时指出，没有文明的继承和发展，没有文化的弘扬和繁荣，就没有中国梦的实现。社会主义精神文明是社会主义现代化的重要特征，是实现中华民族伟大复兴中国梦的重要目标。社会主义现代化建设扩大了人们的精神文化需求。随着社会主义现代化和实现中华民族伟大复兴进程的加快，人民群众的物质生活水平得到极大改善，群众对精神文化的渴求也越来越强烈，文化消费水平也越来越高。当今的社会和家庭越来越重视生活的文化含量，人们的文化品位在提高，主体意识在增强，文化在社会生活中的地位越来越重要。随着工业化、信息化、城镇化、市场化、国际化的深入发展，利益格局的深刻调整，人们思想活动的独立性选择性差异性明显增强，文化需求呈现出高品质、多样化、个性化的特点。这说明社会主义现代化建设以及实现中华民族伟大复兴的进程扩大了人们的精神生活需求，因此，我们需要深化文化体制改革，促进社会主义文化大发展大繁荣，需要加强社会主义精神文明建设来不断满足人们的精神文化需求，以期实现中国梦的总体目标。①

我国政府必须通过有效的管理，准确引导社会和文化发展方向，有效规范出版单位的市场行为，正确引导读者的阅读偏好，及时有效地矫正读者的阅读偏差，从而实现出版单位社会效益与经济效益的有机统一，并建立社会文化自信。

① 洪向华，肖纯柏. 没有文化的弘扬和繁荣就没有中国梦的实现[N]. 光明日报，2014-06-06(7).

第四章　出版业政府管理制度变迁及其路径选择

第一节　出版业政府管理制度变迁

一、古代图书出版政府管理制度

自秦朝以来，我国历代统治者都非常重视对人民文化思想的控制，而图书的出版就成了其控制的主要渠道。活字印刷术发明以前，图书出版需耗费大量的财力，出版活动受到很大的限制，但对其进行控制却比较容易。北宋时期，活字印刷术发明以后，图书出版技艺得到很大的提高，加上政府对图书出版活动的鼓励和支持，图书出版事业得到迅速的发展。但是，一些书商为了谋取高额利润，不断扩大图书出版的范围，甚至触及了宋朝与西夏、辽、金等的关系，违背了宋朝的国家政策。日渐衰败的宋朝担心引发战争，开始加强对民间图书出版的控制，推行书稿审查制度。宋仁宗于天圣五年（1027 年）颁布诏令，要求雕印文集之前必须将书稿交于专门设置的官员审查，审查通过后，方可进行雕印。这道诏令是我国较早的关于书稿审查制度的记载。之后，宋朝不断对书稿审查制度进行完善，为后世封建王朝的书稿审查制度奠定了基础。

虽然后世王朝承袭了宋朝的书稿审查制度，但是侧重点各有不同。宋朝的书稿审查制度侧重于国家军事机密和外交关系等方面，元、明、清时期的书稿审查制度则侧重于维护统治者的权威。到了清朝，清政府不遗余力地对心怀不满的知识分子进行打击，尤其是对一些具有民族意识的著作进行焚毁，以达到消除异己的目的。

二、近代图书出版政府管理制度

清朝末期至民国时期，由于受西方思想和文化的影响，加上救亡图存的希望，文人志士纷纷办刊办报，以达到开启民智、从思想上武装民众的目的。这一时期，我国出版事业得到快速发展，但政府对出版业的管理仍然侧重于统一社会舆论、维护统治。1906 年，清政府颁布《报章应守规则》，规定报刊“不得诋毁宫廷，不得妄议朝政”等；1914 年，北洋政府颁布《出版法》，有禁止“靖乱政体”等条款；1930 年，南京政府颁布《出版法》，有出版品不得“意图破坏中国国民党或违反三民主义”和“意图颠覆国民政府或损害中华民国利益者”等条款。南京政府对出版业的管理达到了事无巨细的程度，除颁布出版法以及种类繁多的新闻出版相关法律文件以外，还成立了专门审查新闻出版的新闻检查处、图书杂志审查委员会、中央文化事业计划委员会等机关。

清朝末期至民国时期，出版业政府管理制度有许多可取之处。第一，新闻出版法律既有维护统治利益的条款，也有很多保护私权的条款。如《报章应守规则》中有“凡关涉词讼之案，于未定案之前，该报馆不得妄下断语，并不得有庇护犯人之语”和“不得摘发人之隐私，诽谤人之名誉”等条款。第二，新闻出版市场准入采取登记注册制度。任何人都可以办刊办报，只要申请设立出版社，并符合规定条件即可获得市场准入。但是，这时的登记注册制度虽然在形式上符合当时宪法规定的出版自由精神，但在实际执行过程中产生了一些变异，实质上或许已成为注册审查制或特许制。第三，政府对出版业的运营只是实行法律控制，并不过多干涉。正是以上管理方式促成了中国近代出版业的蓬勃发展。

三、当代图书出版政府管理制度

中华人民共和国成立后，党和政府对出版业的管理可以划分为两个阶段，即：中华人民共和国成立至改革开放前，以及改革开放以后。

(一) 第一阶段：中华人民共和国成立至改革开放前

在机构的形成和演变上，中华人民共和国成立以后，中央人民政府政务院成立了出版总署和新闻总署，作为政府主管全国新闻出版事业的领导机构。党和政府希望出版业成为社会主义精神文明建设的重要阵地，因此，高度重视出版业的发展。在《中国人民政治协商会议共同纲领》和《中华人民共和国宪法》中，言论出版自由作为人民行使基本权利的重要内容和手段加以保护。

1949 年 9 月 29 日，中国人民政治协商会议第一届全体会议通过《中国人民政治协商会议共同纲领》，其中：第五条规定，中华人民共和国人民有思想、言论、出版、集会、结社、通讯、人身、居住、迁徙、宗教信仰及示威游行的自由权；第四十九条规定，发展人民广播事业，发展人民出版事业，并注重出版有益于人民的通俗书报。

1949 年 10 月 3 日，全国新华书店出版工作会议开幕，出席这次会议的有新华书店、解放社、三联书店等。该会议公布的《关于统一全国新华书店的决定》明确指出，全国新华书店必须迅速走向统一、集中，加强专业化、企业化，以担任国家的出版任务，发展人民的出版事业。该会议还指出，为人民大众的利益服务是人民出版事业的基本方针。同时，出版、印刷、发行实行专业分工。

1950 年 9 月，第一届全国出版会议召开，通过了《关于发展人民出版事业的基本方针的决议》《关于改进和发展出版工作的决议》《关于改进期刊工作的决议》《关于改进和发展书刊发行工作的决议》《关于改进书刊印刷业的决议》五项决议。这一系列决议讨论了关于书刊出版工作的基本方针、统一管理、调整公私关系以及出版、印刷、发行分工专业化等问题。其中，《关于改进和发展出版工作的决议》明确要求要对著作权进行保护，要求出版行业一定要尊重著作权、尊重出版权，保护著作权、保护出版权，不能对出版产品实施抄袭、篡改、翻印等违法违规行为。同时，该决议要求，出版业要充分尊重作者的权利，不得卖绝著作权，以维护作者的合法权益；关于稿酬，出版业应根据著作的性质、内容质量、版面字数、发行量等诸方面因素，制定相关标准，稿酬应由作者、读者和出版业三方共同协商决定，以保证三方的共同利益。

1950 年 10 月 28 日《关于国营书刊出版印刷发行企业分工专业化与调整公私关系的决定》发布。该决定明确指出，要对国营出版印刷发行企业实行分工管理和专业化管理，以强化国家对出版业生产的计划性，降低出版业生产的各项成本，提升出版业工作效能，避免资源浪费，从而有效促进国营出版事业的发展，进一步提高出版物的质量。该决定同时强调，将全国出版印刷业务从各级新华书店的经营范围内剥离，将新华书店的业务进行分工，变为出版企业、印刷企业和发行企业，各自独立运行，以促进各企业的专业化发展。

1951 年，《管理书刊出版业印刷业发行业暂行条例》发布，明确提出不论是国营出版业，还是公私合营出版业以及私营出版业，都必须按照相关规定向当地出版行政机关提交营业申请，并履行各项流程手续，待出版行政机关核准登记后方可进入市场。同年，《关于处理违法的图书杂志的决定》发布，对涉嫌违法图书杂志各项行为的处罚做了明确规定，包括各级出版行政主管机关有权根据法律法规对图书杂志进行审查，对审查核实后认定的违法图书杂志，各出版行政主管机关应向相关权力机构呈准，依据相关法律，按照违法情节，对相关组织机构和个人做出处理。对违法行为处理的方式包括令其停止销售和发行违法出版物、停止租借违法出版物、没收相关违法出版物等。

1951 年 12 月，根据《关于调整机构紧缩编制的决定》，撤销新闻总署，将其划归出版总署，主要负责统筹私营出版业的社会主义改造工作。

20 世纪 50 年代前期，我国完成了对私营出版行业的改造，即将私营出版机构、私营印刷机构和私营发行机构的资本主义性质改造为社会主义性质。在私营出版业的社会主义改造工作的前期，即 1950—1953 年，政府组织全国范围的出版工作会议，邀请私营出版业代表参加讨论和一系列参观活动。对分散经营的中小私营出版业，在自愿的原则下，推动他们进行联合经营；对具有一定规模、符合相关条件的私营出版业，积极促进公私合营；对有困难的私营出版业，进行重点扶持，保证其正常生产，同时加强管理。私营出版业社会主义改造工作的后期为 1954—1956 年。1954 年 9 月 20 日，第一届全国人民代表大会第一次会议通过中华人民共和国第一部宪法《中华人民共和国宪法》，其中第八十七条规定：中华人民共和国公民有言论、出版、集会、结社、游行、示威的自由。国家供给必需的物质上的便利，以保证公民享受这些自由。同年，中央在对出版总署报告的批示中强调，必须积极地、有计划地、稳步地推进私营出版机构、私营发行机构和私营印刷机构的社会主义改造。该批示指出，一要积极推进私营出版业的社会主义改造工作。对条件较好的正当私营出版业，国家投入资金，派遣干部进行相关领导管理，利用公司联营的方式，将其资本主义性质改造成为公私合营。二要全面开展对商务印书馆和中华书局的社会主义改造工作，使商务印书馆和中华书局实现公私合营。然而，在对私营出版业的社会主义改造过程中，出现了一些违法犯罪的行为，比如私营出版机构骗取国家资金、虚假上报出版计划以谋取不法利益、私下里搞小团体、抽逃资金等，给国家造成了一定的经济损失，也给社会造成了一定的不良影响。1956 年 6 月，国家对私营出版机构、私营发行机构、私营印刷机构的社会主义改造工作基本完成。中央政府颁布了一系列法规、条文、政策、制度等，建立了出版业的计划管理体制，确立了我国出版业发展的基本方针、发展方向和发展路线。

1954 年，出版总署完成了对私营出版业的社会主义改造工作，其出版行政业务划归文化部负责。1954 年 12 月 1 日，文化部设置出版事业管理局专门负责全国出版行政相关业务，其业务范围主要包括对出版社贯彻落实党和国家的出版方针进行监督管理，制定出版相关制度以保证出版工作的有序开展，对出版企业的经营管理进行督导，平衡全国出版计划，对出版社的五年出书计划进行审核，对出版的图书成书进行审读以促进提高图书质量，积极推进图书评论工作，监督和审核出版社的财务工作，等等。

1956 年以后，出版业开始受到各种社会政治思潮的影响。“文化大革命”期间，出版业彻底成为政治宣传的工具，出版方针是“为政治服务、为工农兵服务”。这一时期，政府主要强调和突出出版工作的政治宣传作用，忽视出版工作的基本功能，导致人民群众的文化需求得不到满足。1977 年 12 月，国家出版事业管理局召开出版工作座谈会，将出版方针由“文化大革命”时期的“为政治服务、为工农兵服务”改为“为人民服务、为社会主义服务”。

（二）第二阶段：改革开放以后

随着改革开放政策的实施，党和政府逐渐放松对出版业的管理，出版业逐步进行体制改革，向现代化产业方向迈进。

“文化大革命”期间，出版沦落为阶级斗争的工具，出版业发展停滞，出版业市场遭到严重破坏，人民群众的精神文化需求不仅不能得到满足，而且受到了极大的遏制。1978 年 12 月，紧跟着中共十一届三中全会，全国出版工作座谈会召开，从此我国出版业迎来了改革开放的新篇章。改革开放以来，随着经济体制、政治体制和文化体制的不断完善，我国出版业制度改革工作也在逐渐推动和深入，出版业取得了重大成就，出版业为不断满足人民群众的精神文化需求做出了重要贡献。

1. 1978—1991 年，增量发展阶段

党的十一届三中全会提出了改革开放的任务，全党全国的工作重点由“以阶级斗争为纲”转移到社会主义现代化建设上来，转移到了社会效益和经济效益并举的发展道路上来，出版事业重新获得了大发展。

为了尽快推进出版业的发展，党和国家陆续制定了一系列出版

相关政策，积极鼓励和大力支持出版工作，我国出版业基本格局建立。这一阶段，出版工作取得的成绩主要在数量上，到20世纪90年代初期，全国的图书印刷总数比20世纪70年代后期提高了两倍多。然而，改革的道路是曲折艰辛的，这一时期，出版业在发展模式上并没有发生本质变化，依然是事业体制下的计划经济模式，出版管理工作行政化程度较高，出版业形成垄断格局。

从1979年起，出版业开始进行体制改革。同年，全国出版工作座谈会召开，部署地方出版社改革工作，将地方出版社的发展方针定为“立足本地，面向全国”。这一政策的改变，使地方出版社解放了生产力，开始蓬勃发展。1983年，党中央、国务院联合发布《关于加强出版工作的决定》，制定了出版工作的方针和任务，明确了出版工作的性质，出版工作经营由只追求社会效益的原则，转变为把社会效益放在首位、同时注重经济效益的原则，从而为出版业的经济体制改革指明了方向。1986年12月，全国新闻出版局局长会议召开，提出出版事业本身要进行改革开放，同时也要促进整个国家的改革开放，出版工作的出发点是“适应社会主义现代化建设的需要，培育有理想、有道德、有文化、有纪律的社会主义公民，提高整个中华民族的思想道德素质和科学文化素质”的社会主义精神文明建设的根本任务，出版工作要为社会主义现代化建设服务。会议同时指出，出版机构增量任务已经完成，下一阶段的重点工作应是调整出版结构、构建新的出版体系、积极提高出版质量。1988年，中共中央宣传部、新闻出版署发布《关于当前出版社改革的若干意见》《关于当前图书发行体制改革的意见》，对出版业改革工作进行细化和规范。

2. 1992—2002年，结构优化阶段

1992年，我国改革开放进入关键阶段。1992年1月18日至2月21日，邓小平视察武昌、深圳、珠海、上海等地，并就一系列重大问题发表讲话，史称南方谈话。“邓小平南方谈话，是在国际国内政治风波严峻考验的重大历史关头，坚持十一届三中全会以来的理论和路线，深刻回答长期束缚人们思想的许多重大认识问题，把改革开放和现代化建设推进到新阶段的又一个解放思想、实事求是的宣言书。在走向新世纪的新形势下，面对许多我们从来没有遇到过的艰巨课题，邓小平理论要求我们增强和提高解放思想、实事求是的坚定性和自觉性，一切以是否有 利于发展社会主义社会的生产力、有利于增强社会主义国家的综合国力、有利于提高人民的生活水平这‘三个有利于’为根本判断标准，不断开拓我们事业的新局面。”[①]1992年6月，中共中央、国务院发布《中共中央国务院关于加快发展第三产业的决定》，将新闻出版业正式界定为第三产业，新闻出版业从此被划出党政机关行列。出版产业改革从此走向纵深，出版产业结构、出版业政府管理制度、出版业发行体系都发生了一系列重大变革。同年10月，党的十四大召开，明确提出建立社会主义市场经济体制目标模式，我国的改革开放扬起新的风帆，改革发展进入了新的阶段。

① 高举邓小平理论伟大旗帜，把建设有中国特色社会主义事业全面推向二十一世纪：江泽民在中国共产党第十五次全国代表大会上的报告（1997年9月12日）[J]. 求是，1997(18)：2-23.

1994 年,全国新闻出版局局长会议提出新闻出版业要从规模数量增长阶段转移到优质高效阶段,并将新闻出版业的改革目标定位为培养和建立统一开放、竞争有序的图书市场。

20 世纪 90 年代中期,出版业结构不完善、不成熟,主要表现在专业出版发育严重滞后,大众出版活跃度较低,出版业发展主要依赖于教育行业的发展,教育出版在整个出版业中占比较大。以 1995 年为例,教育出版、大众出版和专业出版的比例分别为 68.32%、22.20%和 9.48%。2001 年 11 月,我国加入世界贸易组织,从此与世界经济体系的关系更加紧密,更加深入地参与国际分工、融入国际社会。出版业作为国民经济的重要产业和社会主义文化建设的重要行业,进入了多元化、国际化的发展时期。到 2003 年,教育出版、大众出版和专业出版的比例分别为 65.70%、23.10%和 11.20%,出版结构改善较为明显。[①] 这一时期,国家制定了一系列规章制度,成立了一批颇具规模的出版集团,以促进出版产业结构调整、推动出版质量的提高。但是,这些改革措施依然没有使出版业摆脱行政框架,也没有使出版业改革上升到体制改革的层面。

3. 2003 年至今,体制改革阶段

2002 年,党的十六大召开,党中央做出深化文化体制改革、发展文化事业文化产业的战略部署,文化体制改革得到加速推进。2005 年,中共中央、国务院发布《关于深化文化体制改革的若干意见》,对

① 陈昕:当前中国出版业需解决的六大问题[N]. 人民网,2005-05-19.

文化体制改革的指导思想和目标原则等做出进一步明确，要求进一步深化文化产业改革，加快文化产业结构调整，要在改革过程中处理好改革发展与社会稳定的关系，应将社会效益放在首要地位，并实现社会效益和经济效益的统一，要勇于实践，创新文化发展观，鼓励文化产业"走出去"，积极开拓国际文化市场，全面推进我国出版业的改革工作。近年来，党和政府陆续出台一系列重要文件，如《文化产业振兴规划》《国家"十一五"时期文化发展规划纲要》《中共中央关于深化文化体制改革推动社会主义文化大发展大繁荣若干重大问题的决定》《新闻出版业"十二五"时期发展规划》《新闻出版广播影视"十三五"发展规划》《出版业"十四五"时期发展规划》等，对我国文化体制改革做出一系列重大部署，为出版业改革、创新、健康、持续发展指明了道路。

2013年8月19日至20日，习近平总书记在全国宣传思想工作会议上强调，"明者因时而变，知者随事而制。"宣传思想工作创新，重点要抓好理念创新、手段创新、基层工作创新，努力以思想认识新飞跃打开工作新局面，积极探索有利于破解工作难题的新举措新办法，把创新的重心放在基层一线。要继续推进文化体制改革，推动文化事业全面繁荣和文化产业快速发展、建设社会主义文化强国。[①]

2018年8月21日，习近平总书记在全国宣传思想工作会议上指出，党的十八大以来，我们把宣传思想工作摆在全局工作的重要位

---

① 习近平. 论党的宣传思想工作[M]. 北京：中央文献出版社，2020：16-17.

置，做出一系列重大决策，实施一系列重大举措。在党中央坚强领导下，宣传思想战线积极作为、开拓进取，党的理论创新全面推进，中国特色社会主义和中国梦深入人心，社会主义核心价值观和中华优秀传统文化广泛弘扬，主流思想舆论不断巩固壮大，文化自信得到彰显，国家文化软实力和中华文化影响力大幅提升，全党全社会思想上的团结统一更加巩固。①

2022年1月5日，全国宣传部长会议在北京召开，王沪宁出席会议并讲话。他表示，要坚持以习近平新时代中国特色社会主义思想为指导，增强“四个意识”、坚定“四个自信”、做到“两个维护”，紧紧围绕迎接、宣传、贯彻党的二十大这条主线，扎实做好宣传思想工作，为奋进新征程、建功新时代提供坚强思想保证和强大精神力量。②

习近平总书记就宣传思想工作发表的一系列重要讲话、做出的一系列重要指示，为做好新时代宣传思想工作提供了根本保证。我们要把宣传好阐释好习近平新时代中国特色社会主义思想作为首要政治任务，推动习近平新时代中国特色社会主义思想深入人心，引导广大干部群众自觉做党的创新理论的坚定信仰者和忠实实践者，为人民提供更多更好的精神食粮。

---

① 习近平.论党的宣传思想工作[M].北京：中央文献出版社，2020：337-338.

② 全国宣传部长会议在京召开　王沪宁出席并讲话[N].人民日报，2022-01-06(3).

第二节　出版业政府管理制度变迁的路径选择

在选择管理制度的时候，人们最初始的选择对管理制度的变迁会产生极大的影响，在很大程度上会制约管理制度的变迁。因为当确定采取某种制度时，人们在运用这种制度的过程中会对这种制度产生极大的依赖性，这种选择和依赖性在不断的实践中会产生自我积累，从而散发出放大效应，进而不断强化人们最初始的选择。

我国出版业管理制度在变迁过程中表现出了强制性和诱制性相互融合的现象。管理制度变迁的强制性是指，由政府以法令形式推行的变迁，它既可以以对现有收入进行再分配的形态出现，又可以出现在自发性的制度变迁之中。管理制度变迁的诱制性是指，为了创造更多的获利机会，人们不通过政府，而是自发地组织起来宣传、倡导、实施对现存管理制度进行变更，创造一系列新制度，这是由于制度不均衡引发的人们自发寻求获利机会时所实施的制度变迁。总体而言，我国出版业政府管理制度变迁以强制性为主，即政府主导出版业管理制度变迁的指导思想、管理模式、时机内容等的路径选择，政府在不断推翻过去管理制度的过程中起到决定性作用。

一、出版业政府管理制度指导思想变迁的路径选择

中国自古以来就有着深厚的“大一统”思想，历代统治者都希望通过治理实现人民思想统一的状态。出版业所生产的产品是精神产品，历代统治者都希望其能够成为统治舆论的工具，因而受到历代统治者的严格控制。自从宋朝建立书稿审查制度之后，历代图书出版政府管理制度都以维护封建王朝的统治为指导，实行文化专制。鸦片战争之后，西方思想和文化涌入我国。受其影响，我国百姓开始追求民主和自由。清末统治者为适应形势发展，只好赋予人民言论自由、出版自由等，但清政府仅仅是形式上的赋权，实际上还是坚持以维护封建王朝的统治及统一社会舆论为基本原则。清政府于 1906 年发布的《报章应守规则》中明确“不得诋毁宫廷，不得妄议朝政”，就是有力的证明。

清政府被推翻后，北洋政府建立，历届军阀政府依然没有放松对出版业的控制。图书出版政府管理制度的指导思想，从维护君权统治变成了维护军阀派系统治，可谓换汤不换药。1914 年，北洋政府制定《出版法》，其中第十一条规定新闻出版业“不得靖乱政体”。这与清政府 1906 年发布的《报章应守规则》中的“不得诋毁宫廷，不得妄议朝政”看似大相径庭，但不过将“宫廷”和“朝政”换成了“政体”而已，其指导思想的实质并未改变。南京政府上台之后，以维护一党专政作为其管理出版业的指导思想，进一步加强对新闻出版业的管理和控制。1937 年，南京政府修正《出版法》，其中第二十一条规定：

“出版品不得为下列各款言论或宣传之记载：意图破坏中国国民党或违反三民主义者；意图颠覆国民政府或损害‘中华民国’利益者；意图破坏公共秩序者。”1932 年 11 月 24 日，国民党第四届中央执委会第四十八次常务会议修正通过宣传品审查标准规定，宣传品审查标准是“总理遗教；本党主义；本党政纲，政策；本党决议案；本党现行法令；其他一切经中央认可之党务政治记载”①。

中华人民共和国成立后，党和政府把言论自由、出版自由载入《中国人民政治协商会议共同纲领》和《中华人民共和国宪法》之中，以保护人民的基本权利。同时，由于当时政治环境非常复杂，敌对势力想方设法利用一切手段试图颠覆社会主义新中国，并且当时我国人民的文化知识贫乏、思想觉悟也还不够高，需要政府对人民的政治立场、意识形态、思想修养、文化认知进行正面引导，因此，在中华人民共和国成立初期，党和政府决定严格把控和管理出版业。中华人民共和国成立初期，出版业政府管理的指导思想主要包括两个方面：一方面，出版业的根本任务和目的是为广大人民的利益服务；另一方面，作为党的思想战线工作和意识形态工作的重要阵地，出版业必须对人民的政治立场、意识形态、思想修养、文化认知进行引导和教育。由此可见，中华人民共和国成立初期，党和政府对出版业管理制度的指导思想，与封建社会和民国时期的指导思想，有着本质区别。但是，传统中国的“大一统”思想未得到改变，党和政府仍然把维护人民群众的思想统一作为目标和任务。

① 刘哲民. 近现代出版新闻法规汇编[M]. 上海：学林出版社，1992：222.

改革开放以后，党和政府选择出版业管理的指导思想主要有两种路径。第一种路径是，党和政府依然维持着中华人民共和国成立初期对出版业管理指导思想的路径选择，即致力于对人民群众的思想统一，尤其是意识形态方面的统一，这一思维模式对出版业的改革发展起到了制约的作用。党和政府之所以做出这种选择，与当时的社会环境有着密切关系，社会环境要求党和政府必须以经济建设为中心，先发展经济。因此，在我国经济体制发生深刻变革的历史大环境中，出版业的改革变得极为滞后，成为改革中的落后行业。第二种路径是，随着经济体制改革的推进，党和政府逐渐意识到不仅要在经济领域进行改革，政治领域和文化领域也应该进行大刀阔斧的改革，体制的落后成为出版业改革的根本障碍，严重束缚了出版业的进一步发展，必须尽快推翻体制的束缚。党和政府这一指导思想对出版业管理制度的变迁发挥了很大的积极作用。1983 年，《关于加强出版工作的决定》印发，明确出版工作把社会效益放在首位，同时注重经济效益的经营原则。这一原则，既强化了出版的政治属性，维护了社会主义的价值观，同时也认识到了出版工作对经济发展的重要影响，将其经济属性提高到重要地位，推动了出版业参与市场竞争，推进了出版业体制改革与经济体制改革的同步化，出版业进入蓬勃发展的阶段。1992 年 6 月，中共中央、国务院发布《中共中央国务院关于加快发展第三产业的决定》，将新闻出版业正式界定为第三产业，新闻出版业从此被划出党政机关行列。出版产业改革从此走向纵深，出版产业结构、出版业政府管理制度、出版业发行体系都发生了一系列重大变革。

2001 年 11 月，我国加入世界贸易组织，我国与世界经济体系的关系更加紧密，更加深入地参与国际分工、融入国际社会。出版业作为国民经济的重要产业和社会主义文化建设的重要行业，在经济全球化大背景下，积极实施“走出去”战略，进入了国际化、多元化、集团化的发展时期。2011 年 4 月，新闻出版总署发布的《新闻出版业“十二五”时期发展规划》强调，要积极构建和完善新闻出版产业体系，全面提升新闻出版业的发展水平，进一步加快新闻出版结构调整，包括新闻出版产业结构、新闻出版产品结构、新闻出版所有制结构、新闻出版企业结构等；要积极推动新闻出版业进入国际市场，参与国际分工，提升新闻出版业的国际竞争力；要加快发展数字出版等战略性新兴新闻出版产业，进一步加快推进传统新闻出版业数字化转型；要推动新闻出版资源向优势企业倾斜，培育优质骨干企业，鼓励基础条件好的企业进行优化和重组，鼓励有实力的企业跨地区跨行业跨所有制发展；要进一步推动条件好的新闻出版企业上市，鼓励企业开展多渠道融资，有效吸收社会资本有序参与新闻出版活动。2017 年 9 月，国家新闻出版广播电影电视总局印发《新闻出版广播影视“十三五”发展规划》提出，对经济的拉动作用是新闻出版广播影视产业发展的目标之一。新闻出版广播影视产业必须要显著增强拉动经济的作用，提升对国民经济增长的贡献率，要进一步完善产业体系，大幅提升产业实力、综合效益和市场竞争力，在文化产业成为国民经济支柱产业方面发挥积极作用。2021 年 12 月，国家新闻出版署印发《出版业“十四五”时期发展规划》提出，到“十四五”时期末，出版强国建设取得重大进展。出版行业繁荣发展要取得突破性进展，深入推进出版业供给侧结构性改革，出版业发展方式转变取得重大进展，显著优化产业结构、出版品种、产业布局，现代出版体系建设迈出重要步伐，进一步提升行业实力，提升文化产业增长的贡献率，在坚持把社会效益放在首位的前提下，努力实现双效跃升、双效丰收。

二、出版业政府管理制度模式变迁的路径选择

宋朝开始对出版业实行书稿审查制度，并设置专职官员负责管理，但是由于古代出版业不够发达，统治阶级并没有设置专门的出版业政府管理机构，后续封建王朝也基本上延续了该制度。近代出版业出现了繁荣发展的局面以后，政府深刻意识到其政权统治受到了出版业的严重威胁，因此设置专门的出版管理机构。南京政府上台初期，国民党宣传部作为其管理出版业的专门机构，同时颁布《指导党报条例》《指导普通刊物条例》《审查刊物条例》《宣传品审查条例》等各项规章制度，严格规定由国民党中央宣传部及地方党部审查合格后的出版物才可以在社会发行。1933 年，南京政府发布《新闻检查标准》《重要都市新闻检查办法》规定，在上海等大城市设立新闻检查所，负责实施新闻出版检查。1934 年，南京政府发布《修正图书杂志审查办法》提出，成立图书杂志检查委员会，对图书杂志原稿实行送审制度。1935 年，南京政府成立中央文化事业计划委员会，统一管制新闻、出版及其他的文化事业。由此，南京政府逐渐建立起对出

版业的双重管理体系，即国民党宣传部和出版业政府专门管理机构共同对出版业实施管理，而国民党宣传部是新闻出版业管理的最高权力机构。

南京政府对新闻出版业的管理模式对中华人民共和国成立后的出版业政府管理模式产生很大的影响。中华人民共和国成立后，党和政府建立起中国共产党和政府专门机构对出版业进行共同管理的双重管理体系。一方面，党的宣传部门，即各级党委宣传部，主要对出版业进行意识形态和舆论导向方面的领导和管理；另一方面，政府专门机构在党的宣传部门的领导下，负责出版业的意识形态和舆论导向管理的同时，还对出版业的编辑、印制、发行等环节依法进行监督和管理。此外，各级出版行政管理采取了多种形式的经济管理方式对出版机构的经济行为进行约束，以保证出版行业的正常运行。

自从 1949 年中央人民政府政务院下设出版总署以来，一直有专门的政府管理机构对出版业进行监督和管理，区别在于不同时期出版业专门管理机构随形势发展有所变化，主要表现为出版业管理部门是单独设立，还是合并在文化部之内。1987 年 1 月，中华人民共和国新闻出版署成立，作为国务院直属机构，新闻出版署对新闻出版业行使全国性的行政管理职能，各省、自治区、直辖市和计划单列市都设立相应的新闻出版局，作为统一各省（区、市）新闻出版事业的行政管理机构。2001 年，《新闻出版总署（国家版权局）职能配置内设机构和人员编制规定》（国办〔2001〕97 号）发布，新闻出版署（国家版权局）调整为新闻出版总署（国家版权局），是国务院主管新闻出版事业和著作权管理的直属机构。国家版权局和新闻出版总署升格成为正部级单位，仍为“一个机构两块牌子”。2013 年，根据《国务院关于机构设置的通知》（国发〔2013〕14 号），为促进新闻出版广播影视业繁荣发展，组建国家新闻出版广播电影电视总局，同时加挂国家版权局牌子，撤销国家广播电影电视总局和国家新闻出版总署。国家新闻出版广播电影电视总局对新闻出版总署和广电总局的职责进行整合：对全国的新闻出版广播影视事业产业发展进行统筹；对新闻出版广播影视机构及其具体业务，以及对广播影视节目和出版物的具体内容和质量进行监督管理；负责著作权的监督管理等。2018 年 3 月，中共中央印发《深化党和国家机构改革方案》明确，将国家新闻出版广播电影电视总局的新闻出版管理职责划入中共中央宣传部，中共中央宣传部对外加挂国家新闻出版署（国家版权局）牌子。以加强党对新闻出版工作的集中领导，强化对新闻出版工作的统一管理，进一步推进中国特色社会主义出版事业的繁荣发展。中共中央宣传部负责贯彻落实党的宣传思想方针，制定新闻出版业的规范政策，负责新闻出版业的各项行政管理事务，督促新闻出版业的各项管理政策落到实处，统筹指导新闻出版事业和产业发展，并协调好出版事业发展和产业发展的关系，对新闻出版物的具体内容和质量进行监督管理，监管新闻出版印刷业，负责对著作权进行管理和维护，负责新闻出版物进口业务的管理等。

由中共中央宣传部对新闻出版进行统一管理，一方面，说明国家对新闻出版更加重视，因此进行集中统一领导；另一方面，说明出版产品在构建主流意识形态方面所具有的强大作用。我国政府一向重视出版业体制改革,制定各种政策、法规、条例等推进出版业改革的深入进行,在重视出版业经济效益的同时,对出版业的社会效益毫不放松,通过政策引导、业绩评价等多方面措施加强对出版工作的社会效益考核,人民群众也越来越关注出版产品的自身价值和内容质量。此次方案变革,进一步强化了出版在民族传统精神和主流文化价值传播方面所能起到的重要作用。

三、出版业政府管理制度内容变迁的路径选择

出版业具有意识形态属性,其舆论导向功能强大,我国政府必须从国情和国家利益出发对出版业进行适当的监管,以保证我国的文化安全、意识形态领域的安全和党的执政安全。

出版业政府管理制度内容变迁的路径选择主要体现在市场准入模式的路径选择、出版审查制度变迁的路径选择和出版业体制改革的路径选择三个方面。

(一) 市场准入模式的路径选择

中华人民共和国成立之后,党和政府认为出版业是对人民进行政治、思想、文化教育的重要阵地,所以对出版市场准入进行严格控制。1950 年 3 月,出版总署发布《关于统一全国新华书店的决定》,强调全国新华书店必须进行集中统一领导,加强专业化、企业化。根据该决定,新华书店总管理处在北京成立,直接隶属出版总署,全国各地新华书店的业务均归新华书店总管理处领导。接着,党和政府

开始整顿和改造私营出版业，不再允许设立新的私营出版社，1956年之前，党和政府组建了一批国营出版社，至1956年私营出版社完成社会主义改造。改革开放之后，党和政府对出版市场准入丝毫不敢放松控制。

《出版管理条例》第十一条规定，设立出版单位，应当具备下列条件：有出版单位的名称、章程；有符合国务院出版行政主管部门认定的主办单位及其主管机关；有确定的业务范围；有30万元以上的注册资本和固定的工作场所；有适应业务范围需要的组织机构和符合国家规定的资格条件的编辑出版专业人员；法律、行政法规规定的其他条件。而且，满足这些基本条件之后，也不一定能够设立出版单位。

《出版管理条例》第十一条还规定，审批设立出版单位，除依照前款所列条件外，还应当符合国家关于出版单位总量、结构、布局的规划。我国出版单位实行的是多重审批制度，得到主办单位和主管单位同意之后，再由国家新闻出版署审批。与世界上大部分国家的出版业登记许可制度相比，我国出版市场准入之严格可见一斑。

严格的出版市场准入制度对出版市场的影响主要表现在两个方面：一方面，现有出版机构对严格的出版市场准入制度非常认可，因为他们是既得利益获得者，是出版行业的垄断者，如果设立更多的出版机构势必会威胁到他们的利益；另一方面，出版产品的作者和消费者则希望政府放松对出版市场的准入管理，如果政府放松市场准入管理，作者在出版作品时就会有更多的机会选择，消费者也能够从出版市场中获得更多物美价廉、质量上乘的出版产品。

（二）出版审查制度变迁的路径选择

书稿审查制度自北宋中期建立以来，历代统治者都沿用这一制度来维护“大一统”的文化思想状态。民国时期南京政府掌权后，出版审查之严格达到了登峰造极的地步，几乎所有的报纸、期刊和图书都必须在出版前送交国民党宣传部或专门设立的部门审查。

中华人民共和国成立之后，党和政府把言论出版自由作为公民行使基本权利的重要内容和手段，载入《中国人民政治协商会议共同纲领》和《中华人民共和国宪法》之中加以保护，但是由于敌对势力和西方反华势力的思想文化渗透，党和政府丝毫不敢松懈，仍沿袭之前的出版审查制度。

1952 年，《管理书刊出版业印刷业发行业暂行条例》《期刊登记暂行条例》发布，我国建立了书稿的“三审三校”制度，即每一部书稿从采用到印制成书，都应实行责任编辑负责初审、编辑部主任负责复审、总编辑负责终审，以及出版社社长负责批准的书稿编审制度及三个校次的专业校对制度。这一出版审查制度一直沿用至今。改革开放之后，党和政府进一步改革完善出版业审查制度。

1997 年 1 月 2 日，国务院令第 210 号发布《出版管理条例》，自 1997 年 2 月 1 日起施行。《出版管理条例》是出版行业的重要法规，其中规定应实行责任编辑制度以保障出版物内容符合国家相关规定，对以未成年人为受众的出版物内容做出详细规定，对中小学教科书的审定、出版、印刷、发行等做出具体规定，并详细罗列了出版物内容的各项禁止性规定。2020 年 11 月 29 日，国务院令第 732 号公布的第 5 次修订的《出版管理条例》：对重大选题备案制度作出规定；对出版单位向国家图书馆、中国版本图书馆以及国务院出版行政主管部门送交样本做出规定；详细列出了出版物内容的相关限制；对出版物进口经营单位的设立、合并、分立，以及进口出版物的内容审查、发行环节、举办展览等做出一系列详细规定。

1997 年 6 月，新闻出版署第 8 号令颁布《图书质量保障体系》。《图书质量保障体系》根据《出版管理条例》制定，对具有严格、有效、可操作的特性，对图书出版由扩大规模、增长数量转变为提高质量、提升效益发挥重要作用，有助于促进图书出版整体水平的提升，对推进社会主义出版事业繁荣发展、加强社会主义文化建设产生重大影响。

《图书质量保障体系》将我国的图书出版保障划分为三个机制，即前期、中期与后期保障机制。

首先，图书出版前期保障机制。第一，出版社应主要对选题的质量和结构进行考察，选题的优劣既对图书质量造成直接影响，也对出版整体水平造成影响。出版社应按照国家规定的出书范围从事出版活动，在图书出版过程中严格按照出版的专业要求对图书进行编辑校对。第二，出版社应积极组织选题策划工作，对选题进行优化，广泛收集、研究信息，加强与各领域专家、学者的沟通。第三，出版社应充分论证选题的可行性，控制选题总量，优化选题结构，以社会效益为最高准则，使社会效益和经济效益相统一；做好选题调研工作，了解学科发展前沿信息，了解读者的需求。

其次，图书出版中期保障机制。第一，出版社应坚持执行三审三校制度和责任编辑制度、责任设计编辑制度和设计方案三级审核制度，以及责任校对制度和“三校一读”制度，在书稿编审过程中担当起责任，切实做好图书初审、复审、终审工作，做好图书的整体装帧设计工作，做好图书的校对和审读工作，对政治性、政策性、科学性、知识性、艺术性等问题要把握好、审核好。第二，出版社应按照相关规定做好图书印刷的委托工作，严格保证图书印制质量。第三，出版社应做好图书书名页、中国标准书号和图书条形码使用标准工作。出版社要保证图书正文前的书名页和附书名页的完整性和准确性，包括书名信息、著作者信息、版权信息、图书在版编目信息、版次印次信息，以及多卷书、丛书、翻译书等信息。出版社要保证严格执行国家相关标准和规定，正确使用中国标准书号和条码技术。

再次，图书出版后期保障机制。第一，在图书印刷完成、批量装订以前，出版社要做好样书的查验工作，审核通过后，方可通知印厂批量装订。第二，在图书出版后，出版社应做好图书质量评审工作，奖优罚劣；应做好图书征订广告的审核工作，以保证发行单位合法宣传、规范推销；应做好样书缴送工作，按照规定向新闻出版署、中国版本图书馆等缴送样书。第三，图书再版、重印前，出版社应组织好审读工作，以利于进一步提高图书质量。第四，出版社应做好稿件和图书质量资料的归档工作，包括稿件、出版合同、审读意见、印刷委托书、奖惩记录等与图书有关的资料，以利于提高出版管理水平。第五，出版社应与作者保持密切联系，做好图书出版后期服务工作；应加强与读者的沟通，了解读者的需求，以便于更好地改进出版工作。

2009年，新闻出版总署颁布《报纸期刊审读暂行办法》，其中第十三条规定，新闻出版行政部门组织开展审读工作，可以采取一般审读、重点审读、全面审读、专题审读、抽查审读、书面审读、跟踪审读和谈话交流等形式进行。审读工作应与新闻出版部门的年度考核、专项检查等管理工作相结合。可以说，自从宋朝开始实施书稿审查制度，历代政府都在延续实施并不断强化这一制度，政府对出版审查制度的依赖程度越来越高。

(三) 出版业体制改革的路径选择

1956年，党和政府对私营出版社完成了社会主义改造，我国出版业建立了计划管理体制。全国出版单位和发行单位均属于国有事业单位性质，出版业产权高度集中在国家主体之中。

改革开放以后，国家逐渐意识到出版业发展严重滞后，受到体制落后的束缚，决定对出版业开始进行体制改革。2003年，我国文化体制改革试点工作正式启动，除人民出版社以及各省、自治区、直辖市人民出版社或其他地方政策性、公益性出版社以外，我国其余出版社全部走上转企改制之路。在国家各项税收、投资、融资等政策的支持下，我国国有发行单位，包括全国20多个省级新华书店完成了改制工作，印刷复制单位的改制任务基本完成。经营性出版单位中，地方出版社和高校出版社的改制任务也已完成。当前，我国出版业的体制改革已由横向步入纵深发展的新阶段。到目前为止，出版业体制改革取得较大进展，社会民间资本和国外资本开始进入印刷市场和图书分销市场。

然而，我国出版业仍然没有摆脱体制的束缚，对体制的依赖性仍然很高。

首先，报社、期刊社、出版社等出版业的核心单位，依然且必须是全民所有制。

其次，报社、期刊社、出版社等出版单位依然存在党组织、政府机关部门和企业相互混淆的现象。虽然政府通过一系列现代企业制度改革措施，组建了一批出版单位，但是其单位的性质并没有发生本质性变化。1993 年颁布的《关于出版单位的主办单位和主管单位职责的暂行规定》对各出版单位仍然发挥约束性作用。当前出版集团依然是国家派驻党政干部进行管理，且没有撤销行政级别。这些管理者在日常管理过程中，或是保持着平级职位之间交流的方式，或是按照行政级别论资排辈晋升，而出版集团也是根据管理者级别进行划分，如部级单位、厅级单位、局级单位等。这样的行政管理模式对出版业的进一步深化改革极为不利，会在出版业发展过程中产生很多弊端，也导致了出版业经营与市场规律相违背，不利于出版单位的平等竞争。

再次，我国出版业市场不够集中和统一，分散管理和地域性特征显著。当前，我国的出版集团已有 100 余家，似乎显得有众多的市场主体，形成了良好的竞争环境。但是，实际上，出版集团大多是按照行政区划和行政部门分管进行组建的，导致了每一个出版集团在其地域范围内和行政部门内都具有垄断性，他们掌握着绝对的市场资源，在市场竞争中占据绝对优势。因此，出版业市场并没有形成真正的竞争环境。可以认为，政府虽然通过各种制度的建构和措施的应用，试图打破计划体制下形成的垄断机制，但是，其管理制度的路径选择仍然困难重重，区域垄断、地方保护、部门分散管理的诸多问题仍然存在且将长期存在，这将导致政府很难对出版业进行集中管理，也很难打造具有国际竞争实力的优质大型出版集团。

第五章　出版业政府管理现状及问题分析

在我国市场化改革的进程中，出版业相对于其他产业而言，改革的时间要晚一些，改革的力度也相对弱一些。因此，计划经济体制对出版业的发展仍然产生着较大的影响，对出版业的改革和创新造成了较为严重的束缚。虽然政府近年来加大了出版业的改革力度，推进了出版业的改革历程，出台了一系列的激励性管理政策和制度等，但是，我国出版业的竞争力仍然较弱，市场化程度不高，没有形成充分有效的竞争环境和统一开放的竞争市场，出版业市场主体性较弱，市场结构也不完全符合市场化标准。出版业体制不完善，机制不灵活，集约化程度低，竞争力不强，高层次人才缺乏，行业和地区垄断严重，布局不合理，资源配置不公平，市场秩序不尽完善，等等，这一系列问题伴随着出版业的发展而出现，阻碍着我国出版业朝着健康、快速的方向发展。

第一节　出版业管理现状简述

一、出版业管理主体

《出版管理条例》第六条对我国出版管理的政府机构及其职能予以明确规定：国务院出版行政主管部门负责全国的出版活动的监督管理工作。国务院其他有关部门按照国务院规定的职责分工，负责有关的出版活动的监督管理工作。县级以上地方各级人民政府负责出版管理的部门负责本行政区域内出版活动的监督管理工作。县级以上地方各级人民政府其他有关部门在各自的职责范围内，负责有关的出版活动的监督管理工作。

目前，我国出版业的管理主体主要表现为中宣部领导下的四个层级。第一个层级是中共中央宣传部，全国的新闻出版工作由其负责统筹、部署。中共中央宣传部的职能部门新闻出版局，负责出版行业贯彻落实党的各项政策、方针。第二个层级是国家新闻出版署。国家新闻出版署全面负责全国新闻出版领域的工作，包括新闻行业、出版行业、印刷行业、发行行业以及相关版权工作，是全国出版业行政管理的政府主体。各省、自治区、直辖市及一部分地级市设立新闻出版局，具体负责各地区的新闻出版工作。第三个层级是其他国家机关里的新闻出版相关职能部门。如国务院新闻办公室，负责向世界其他国家或地区的人民宣传中国；文化和旅游部的文化市场司，监督管理文化领域的经营活动，指导文化市场的综合执法工作，并负责推动整合省级和地市级以下城市的文化部门、新闻出版部门、广播电视部门的执法力量；等等。第四个层级是出版单位的主办单位和主管单位。他们专门负责管理所属出版单位的日常出版经营活动。

《出版管理条例》第十二条规定：设立出版单位，由其主办单位向所在地省、自治区、直辖市人民政府出版行政主管部门提出申请；省、自治区、直辖市人民政府出版行政主管部门审核同意后，报国务院出版行政主管部门审批。设立的出版单位为事业单位的，还应当办理机构编制审批手续。

从我国目前的出版业市场表现来看，出版业的四级管理体制已经无法满足市场的需求，对出版业的改革、创新和发展带来了阻碍。我国 580 余家图书出版单位，全部都属于全民所有制，具有国家垄断性，党政企混淆不清，不具备完全的自主权，高层次人才紧缺，工作效率不高等问题明显。

二、出版业管理依据

中华人民共和国成立以来，党和政府高度重视出版业的管理，陆续制定一系列法律法规、规章制度来规范出版业的管理，使政府对出版业的管理由行政性的管理转变为行政与法治相结合的管理，使政府在管理出版业过程中有法可依。目前，出版业法律管理体系主要由一部法律、五部条例和各项行政法规等构成。一部法律指《中华人民共和国著作权法》，这是出版业管理体系中唯一的一部具有法律性质的管理依据；五部条例分别为《出版管理条例》《音像制品管理条例》《中华人民共和国著作权法实施条例》《印刷业管理条例》《计算机软件保护条例》；各项行政法规如《图书出版管理规定》《报纸出版管理规定》等。

（一）法律条文

与出版有直接关系的法律是《中华人民共和国著作权法》（简称《著作权法》）。《著作权法》根据宪法制定，目的是保护文学、艺术和科学作品作者的著作权，以及与著作权有关的权益，鼓励有益于社会主义精神文明、物质文明建设的作品的创作和传播，促进社会主义文化和科学事业的发展与繁荣。其中，第二条规定，中国公民、法人或者非法人组织的作品，不论是否发表，依照本法享有著作权。第四条规定，著作权人和与著作权有关的权利人行使权利，不得违反宪法和法律，不得损害公共利益。国家对作品的出版、传播依法进行监督管理。第三十二条至第三十七条，分别从图书出版者和报社、期刊社角度，以及著作权人和作者角度，对各方的权利和义务做出明确规定。著作权人应按合同约定的时间交付作品；图书出版者应与著作权人订立合同；依法保护著作权人的专有出版权；应按合同约定的质量和期限出版图书；重印、再版图书时应告知著作权人；经作者许可，可以对书稿进行修改、删节等。同时，就图书出版者的违约责任做出规定。《著作权法》对出版者的权利保护期是十年，即截止于首次出版后第十年的 12 月 31 日。《著作权法》虽然是出版业管理体系中唯一的一部具有法律性质的管理依据，但是它调整的是出版作品在创作、传播、使用等方面所涉及的社会关系，并不是专门的出版法。

另外，有关新闻出版的相关法律规定还散见于其他法律中，如《中华人民共和国宪法》第三十五条、第三十八条、第五十一条的相关规定，《中华人民共和国民法通则》有关名誉权及相关权利的规定，以及《中华人民共和国刑法》《中华人民共和国广告法》《中华人民共和国未成年人保护法》等相关条文。出版业管理过程中涉及的法律范围非常广泛。

（二）相关条例

有关出版业管理的规范性文件有 500 余件，以国务院颁布的条例为主，主要有五项条例，分别为《出版管理条例》《音像制品管理条例》《中华人民共和国著作权法实施条例》《印刷业管理条例》《计算机软件保护条例》。这些条例与《著作权法》是目前我国出版法律体系的基本构成。

在诸条例中，以《出版管理条例》为核心依据，它是出版活动和出版行政管理的基本法律规范。《出版管理条例》于 1997 年颁布，根据宪法制定，目的是加强对出版活动的管理，发展和繁荣有中国特色的社会主义出版事业，保障公民依法行使出版自由的权利，促进社会主义精神文明和物质文明建设。《出版管理条例》是中华人民共和国成立以来第一部全面、系统规范新闻出版工作的专门法规，对出版物的出版、印制、发行和进口等方面都做了详尽的规定，是从事出版活动的重要准则，也是政府部门制定规章、规范性文件的基本依据。

2001 年 12 月 25 日中华人民共和国国务院令第 343 号公布新的《出版管理条例》。2001 年版的条例根据 2001 年 3 月 19 日《国务院关于修改〈出版管理条例〉的决定》修订，自 2002 年 2 月 1 日起施行，1997 年版的《出版管理条例》同时废止。2001 年版的《出版管理条例》分别于 2011 年 3 月 19 日、2013 年 7 月 18 日、2014 年 7 月 29 日、2016 年 2 月 6 日等进行过 5 次修订。目前，我国施行的《出版管理条例》是 2020 年11 月29 日国务院令第 732 号公布的，根据《国务院关于修改和废止部分行政法规的决定》进行第 5 次修订的版本。

（三）行政法规

国务院公布或经国务院批准公布的有关出版方面的行政法规有《关于严禁淫秽物品的规定》（1985 年）、《关于严厉打击非法出版活动的通知》（1987 年）及新闻出版署制定发布的部门规章，有《关于出版单位的主办单位和主管单位职责的暂行规定》（1993 年）、《关于严格禁止买卖书号、刊号、版号等问题的若干规定》（1997 年）、《内部资料性出版物管理办法》（1997 年）、《出版管理行政处罚实施办法》（1998 年）、《出版物市场管理暂行规定》（1999 年）等。

2003 年 9 月 1 日，国家新闻出版总署出台《出版物市场管理规定》。该规定最大的突破在于对出版物发行单位市场准入的放开。该规定的出台，表明党的十六大精神已经贯彻落实到出版领域，在打破行业垄断、推动行业发展上迈出了可喜的一步，也为创建良好的出版物发行市场竞争环境、推进中国发行产业发展提供了政策保障。专家学者普遍认为，这是我国出版物发行领域市场法规最重要的突破，将给出版发行行业带来历史性的转折，是出版发行行业改革的里程碑。该规定分别于2011年、2016年进行了两次修订。2016年修订的目的主要包括三个方面。第一是适应国务院行政审批制度改革要求，作为行政法规的《出版管理条例》已经做出相应修改，作为部门规章的《出版物市场管理规定》也应在具体内容、文字表述等方面做出相应修改，与上位法保持一致。第二是适应出版物发行行业管理宽进严管及转变政府职能的需要。其一是落实国务院降低企业准入门槛的要求，需要对发行企业、分支机构等的设立条件进行调整，降低行业准入标准；其二是按照国务院关于强化后续监管、明确监管责任、避免出现监管真空的要求，通过修订该规定，进一步强化行政管理手段，增强部门规章的可操作性。针对出版物发行活动中出现的新问题、新变化，增加相应的规范条款，进一步完善行政管理手段，以保障出版物发行管理活动有效开展，为管理部门全方位加强行业监管提供法律依据。第三是适应完善行业法规建设的需要。较长一段时间以来，虽然《出版管理条例》对出版物市场管理做出了原则性规定，但部门规章有效衔接不够，比如关于中小学教科书的发行管理一直没有具体的条例规定，在实际管理过程中缺乏依据，而该次修订结合了中小学教科书发行管理工作实际，增加了相应细化的管理条款。

目前，我国出版业行政管理基本做到有法可依，这些法律、法规、条例、办法，对规范出版行为、促进出版业健康有序地发展起到了一定的法律保护作用。

三、出版业管理方式

我国政府对出版业的行政管理采取的是事前惩罚和事后惩罚相结合的方式。事前惩罚也称为预惩罚，是指在出版单位实施出版行为以前，政府部门就根据相关法律法规的规定，或者取得有关权力机关的授权后，针对出版单位预先制定各项管理制度、设定各类管理依据、安排各种管理程序、规范各种管理责任等，并通过出版单位申报、政府相关部门审查及核准等方式，严格按照这些规范制度对出版单位的出版行为进行审查。事后惩罚也称为追惩，是指在出版单位或相关组织、个人实施违反各种法律法规的行为以后，政府部门根据相关法律法规的规定，对各种违反法律法规的出版行为进行惩罚治理。我国的出版业行政管理制度对全国所有的出版机构进行全面覆盖、全面监管，所有的出版机构都必须严格遵守国家各项行政管理制度。根据我国国情，采取事前惩罚的管理方式更符合我国出版业的客观情况，更有利于实现出版业政府管理的目的。

在实践中，政府对出版业的管理一般按照行政隶属关系，实行垂直领导和管理，上级主管机关和主办单位对所属出版单位实行垂直职能管理，即各级党委宣传部、国家新闻出版署、各级新闻出版局运用各种行政管理手段，对出版行为、出版单位内部规章制度的制定和工作程序等进行直接干预。

四、出版业管理内容

我国政府对出版业的管理主要包括准入方面的管理、书号的管理、内容质量的审查、控制经营范围、小学教科书和中学教科书的管理以及对出版业发展的激励制度等。

(一) 市场准入

出版行业不同于一般经济行业,除了具有经济属性以外,还具有意识形态属性,这是出版业的特殊性。因此,我国政府对出版业实行严格的市场准入管理,出版社必须要在国家法律法规的许可范围内才被允许设立。同时,我国政府除严格按照有关法律和各项规定的要求,对出版机构进行审核批准之外,还要考虑多方面的因素,如全国出版社的总数、整体出版结构、出版规划布局等。具体来说,出版业的市场准入制度表现在以下几个方面。

根据《出版管理条例》和《音像制品管理条例》,目前我国对出版单位及出版物进口经营单位设立条件规定如下。

1. 设立条件

《出版管理条例》第十一条规定对设立出版单位的具体条件做了详细规定,包括出版单位的名称、章程,主办单位及其主管机关,业务范围,注册资本和工作场所,组织机构,编辑出版专业人员等。除此之外,审批设立出版单位,还应当符合国家关于出版单位总量、结构、布局的规划。《出版管理条例》同时规定了设立出版单位的程序,如第十二条规定,设立出版单位,由其主办单位向所在地省、自治区、直辖市人民政府出版行政主管部门提出申请，省、自治区、直辖市人民政府出版行政主管部门审核同意后，报国务院出版行政主管部门审批。设立的出版单位为事业单位的，还应当办理机构编制审批手续。

根据《音像制品管理条例》，设立音像出版单位，应当具备下列条件：有音像出版单位的名称、章程；有符合国务院出版行政主管部门认定的主办单位及其主管机关；有确定的业务范围；有适应业务范围需要的组织机构和符合国家规定的资格条件的音像出版专业人员；有适应业务范围需要的资金、设备和工作场所；法律、行政法规规定的其他条件。审批设立音像出版单位，要符合音像出版单位总量、布局和结构的规划。

在出版物进口方面，《出版管理条例》第四十二条明确规定，设立出版物进口经营单位，应当具备下列条件：有出版物进口经营单位的名称、章程；有符合国务院出版行政主管部门认定的主办单位及其主管机关；有确定的业务范围；具有进口出版物内容审查能力；有与出版物进口业务相适应的资金；有固定的经营场所；法律、行政法规和国家规定的其他条件。设立出版物进口经营单位，要向国务院出版行政主管部门提出申请，经审查批准，取得国务院出版行政主管部门核发的出版物进口经营许可证后，持证到工商行政管理部门依法领取营业执照。

2. 业务准入

在跨地区经营和多媒体经营市场准入方面，2002 年新闻出版总署配套颁布的《关于新闻出版业跨地区经营的若干意见》（新出办

〔2002〕第716号）、《关于新闻出版业集团化建设的若干意见》（新出办〔2002〕第714号）指出，国家鼓励出版集团、期刊集团、音像电子出版集团，以及内涵式发展的名社、大社和发行集团实行跨地区经营，有条件的中央和省级报业集团，经批准可实行跨地区经营，但是，出版集团要成立分支机构，必须由集团所在地省级新闻出版局审核并报中共中央宣传部和新闻出版总署批准。此外，跨地区设立的分支机构，必须接受所在地新闻出版管理部门的属地管理。主管主办单位要切实承担对所属企事业单位出版内容和经营方向的管理职责。

在业外资金准入方面，有《中共中央办公厅、国务院办公厅关于转发〈中央宣传部、国家广电总局、新闻出版总署关于深化新闻出版广播影视业改革的若干意见〉的通知》（中办发〔2001〕17号）及新闻出版总署于2002年6月配套颁布的《关于规范新闻出版业融资活动的实施意见》（新出办〔2002〕第715号）、《关于进一步规范新闻出版单位出版合作和融资行为的通知》（新出办〔2004〕第625号）等文。这些政策规定，经中共中央宣传部和新闻出版总署批准，试点发行集团可吸收国有资本、非国有资本和境外资本，其中集团国有资本应不低于51％。

3. 职业准入、岗位准入

国家在正式出版单位建立出版专业技术人员职业资格制度。《出版管理条例》第五十三条规定：国家对在出版单位从事出版专业技术工作的人员实行职业资格制度；出版专业技术人员通过国家专业技术人员资格考试取得专业技术资格。具体办法由国务院人力资源社会保障主管部门、国务院出版行政主管部门共同制定。

(二) 内容审查

一般来说,图书的质量主要包含思想内容质量、编校质量和印刷装订质量。

在内容的管理方面,1980 年 6 月发布的《关于制止滥编滥印书刊和加强出版管理工作的报告》对非出版单位滥编滥印书刊之风,非法出版物充斥市场以及图书黑市交易泛滥等值得注意的问题进行了通报,并对违反此规定的责任人和行为,规定了相应的处罚办法。《出版管理条例》第二十四条指出,出版单位实行编辑责任制度,保障出版物刊载的内容符合本条例的规定。第二十五条对出版物内容做出禁止性规定。第二十条对以未成年人为对象的出版物内容做出禁止性规定,包括不得含有诱发未成年人模仿违反社会公德的行为和违法犯罪的行为的内容,不得含有恐怖、残酷等妨害未成年人身心健康的内容。

为了提高出版物的质量,2004 年国家出台了《图书质量管理规定》,第五条规定,差错率不超过 1/10 000 的图书,其编校质量属合格;差错率超过 1/10 000 的图书,其编校质量属不合格。同时还要求,印刷必须符合中华人民共和国出版行业标准《印刷产品质量评价和分等导则》(CY/T 2-1999)。《出版管理条例》第二十八条规定,出版物的规格、开本、版式、装帧、校对等必须符合国家标准和规范要求,保证出版物的质量。出版物使用语言文字必须符合国家法律规定和有关标准、规范。

出版业的内容制度还体现在国家鼓励制度创新的政策文件中。1996 年，《中共中央关于加强社会主义精神文明建设若干重要问题的决议》对出版工作提出，出版工作要建立健全管理机制，着力提高出版物质量，多出好作品、不出坏作品。要及时反映国内外新的优秀文化成果，重视出版传统文化精品和有价值的学术著作，积极扶持少数民族出版事业，不断满足人民群众多层次、多方面的需求。

2011 年 4 月，新闻出版总署发布的《新闻出版业“十二五”时期发展规划》中，提到的重点任务就包括：大力推动内容创新，重点抓好国家重大出版工程、重点学术期刊等精品工程，组织出版更多具有时代精神与特点的精品力作，推出更多代表中华民族永久记忆乃至世界永久记忆的各类出版物，创造出影响世界文明的中国故事、中国形象、中国风格和中国精神。

2016 年 3 月，《中华人民共和国国民经济和社会发展第十三个五年规划纲要》提出，要实现公共文化服务体系基本建成，文化产业成为国民经济支柱性产业的新目标要求。该文件提出，加快发展网络视听、移动多媒体、数字出版等新兴产业，推动出版发行、影视制作、工艺美术等传统产业转型升级；推进文化业态创新，大力发展创意文化产业，促进文化与科技、信息、旅游、体育、金融等产业融合发展；推动文化企业兼并重组，扶持中小微文化企业发展；加快全国有线电视网络整合和智能化建设；扩大和引导文化消费。

2016 年 5 月，国家新闻出版广播电影电视总局发布关于实施《“十三五”国家重点图书、音像、电子出版物出版规划》的通知，对“十三五”国家重点图书、音像、电子出版物出版工作提出要求。在“十三五”重点出版物规划中，首次专门设立主题出版规划，重点出版工程规划、文艺原创精品出版工程、古籍出版规划、辞书出版规划等，这些都体现了加强原创、提高质量、多出精品的要求。

2016年12月，国家新闻出版广播电影电视总局发布《全民阅读“十三五”时期发展规划》，明确全民阅读工作的指导思想、基本原则和主要目标，明确“十三五”时期的重点任务及时间表、路线图等，以进一步推动全民阅读工作常态化、规范化，共同建设书香社会。

2017年1月，国家版权局发布的《版权工作“十三五”规划》指出，“十三五”时期版权工作要坚持实施严格保护、推动版权产业发展、健全版权工作体系三大基本原则，实现“加快版权强国建设，为建成中国特色、世界水平的版权强国奠定坚实基础”这一战略目标。

2017年4月，《文化部“十三五”时期文化产业发展规划》提出，到2020年，文化产业整体实力和竞争力明显增强，培育形成一批新的增长点、增长极和增长带，全面提升文化产业发展的质量和效益，文化产业成为国民经济支柱性产业。现代文化产业体系和现代文化市场体系更加完善，文化产业结构布局不断优化，文化市场的积极作用进一步发挥，文化产品和服务供给能力显著提升，城乡居民文化消费持续增长，文化创造活力明显增强，文化产业吸纳就业能力进一步彰显，文化产业对相关产业的带动和提升作用充分发挥。该规划具体指出，“十三五”时期文化产业发展，要推进“文化＋”“互联网＋”，促进互联网等高新科技在文化创作、生产、传播消费等环节的应用；要以“一带一路”建设、京津冀协同发展、长江经济带发展“三大战略”为引领，推动文化产业优势互补、协调发展；要培育壮大各类市场主体，完善文化市场准入和退出机制，鼓励优胜劣汰；推进文化供给侧改革，以创新供给带动需求扩展；建立扩大和引导文化消费的长效机制；要健全文化产业投融资体系；健全文化创新体系并推进信息技术的应用；要完善现代文化市场体系，建立文化市场监管体系，深化文化市场综合执法改革；坚持创新驱动，促进重点行业的跨越式发展助推文化产业成为国民经济支柱性产业。

2017 年 5 月，中共中央办公厅、国务院办公厅印发的《国家“十三五”时期文化改革发展规划纲要》指出，“十三五”期间，要从四个方面着手，完善现代文化市场体系和现代文化产业体系：一是发展壮大文化市场主体。发展骨干文化企业，推动产业关联度高、业务相近的国有文化企业联合重组，推动跨所有制并购重组。二是推进文化市场建设。着力构建统一开放、竞争有序的现代文化市场体系，完善文化市场准入和退出机制。三是优化文化产业结构布局。加快发展网络视听、移动多媒体、数字出版、动漫游戏、创意设计、3D 和巨幕电影等新兴产业，推动出版发行、影视制作、工艺美术、印刷复制、广告服务、文化娱乐等传统产业转型升级，鼓励演出、娱乐、艺术品展览等传统业态实现线上线下融合。四是强化文化科技支撑。落实中央财政科技计划管理改革的有关要求，通过优化整合后的科技计划（专项、基金等），支持符合条件的文化科技项目。运用云计算、人工智能、物联网等科技成果，催生新型文化业态。加强虚拟现实技术的研发与运用。推动“三网融合”。

2021 年 12 月 28 日，国家新闻出版署印发《出版业“十四五”时期发展规划》提出，坚持质量第一。把提高质量作为出版工作的生命线，牢固树立精品意识，增强原创能力，构建品位健康、品质优良、品类丰富的出版生产服务体系，着力打造思想精深、艺术精湛、制作精良的精品力作，充分发挥出版精品的示范引领作用。展望 2035 年，我国将建成出版强国，出版创新创造活力充分激发，优质内容供给能力显著增强，出版服务大局服务人民能力凸显，出版业实力、影响力、国际竞争力明显提高，出版领域治理体系和治理能力基本实现现代化，出版在增强国家文化软实力和中华文化影响力中的作用更加彰显。

（三）书号管理

1. 书号实名申领的提出

书号实名申领是指在图书出版活动中，出版单位按照书稿的实际名称申领书号，一书一号。书号实名申领的原则是属地管理和谁主管谁负责，该原则强调并明确了出版单位主管部门和主办单位的管理责任。书号实名申领的程序是：国家新闻出版署负责全国出版单位的书号实名申领工作，核定年度书号总量；各出版单位的主管部门即省级新闻出版局在国家新闻出版署核定书号的总量范围内，对所辖出版单位实名申领的书号进行核准和发放工作。具体到各出版单位，其进行书号实名申领的程序是：出版单位根据属地管理原则首先填报选题申报表向省新闻出版局申报选题，选题批复后，编校人员对书稿进行三审三校并填报三审单，通过三审后的书稿凭借新闻出版局批复的选题号在网上向省新闻出版局申领书号，一书一号。

2008 年 7 月 15 日，新闻出版总署开始对书号进行网上实名申领的试点工作。第一批试点单位包括北京、上海等 56 家出版单位。由于试点工作取得了良好的效果，书号实名申领制度于 2009 年在全国范围内展开，自 4 月 1 日起，全国所有出版单位的书号全部实行网上实名申领。书号实名申领是我国出版管理工作所取得的重大创新，改变了我国多年来的书号管理模式，从下发年度书号改为见书给号，为我国出版管理工作构建了一种全新的模式。这种管理方式更加符合目前出版业的发展实际，更有利于出版业的健康、稳定发展。

2. 书号实名申领的影响

实行书号实名申领后，出版单位和读者可以说是最大的受益者。书号实名申领的实施有利于出版社出版好书，出版更多能够满足广大读者不断增长的精神文化需求的图书，同时也遏制了买卖书号的现象，使出版市场更加规范，促进我国出版业繁荣、快速发展。实施书号实名申领制有利于国家出版管理部门对出版业发展的宏观调控，更有利于合理调配书号资源、有利于出版资源的整合。实行书号实名申领后，图书的书号、条形码、图书在版编目等出版基本信息实现统一，彻底改变过去出版物数量不清、信息滞后、数字化信息混乱的局面，从而为相关行业的发展服务，如图书馆的图书管理工作压力大为减小，读者在图书馆查找相关书籍时也变得非常便利。

(1) 实行书号实名申领，进一步提高出版行政管理部门的工作效率。

书号实名申领就是出版单位按照书稿的实际名称运用网络信息技术在网上通过远程申领书号，实现书号的即时申领。出版行政管理部门对核发书号、制作条形码和图书在版编目三项工作实行“一网联通”，实现了出版信息共享，形成了分级管理、职责明确、程序规范的书号管理系统。实行书号实名申领后，图书的书号、条形码、图书在版编目等出版基本信息实现统一，彻底改变过去图书出版物数量不清、信息滞后、数字化信息混乱的局面，使工作更加高效、管理更加科学和规范。

（2）实行书号实名申领制，有利于规范出版流程，有利于整顿市场，有利于出版市场的良性竞争。

实行书号实名申领有利于规范出版流程。书号实名申领制实行之前是上级行政主管部门按照年度对每家出版单位的书号进行核发，出版单位一次领取一年的书号，在这一年的出版活动中对书号进行自由支配。但是，在这一年中出版社出版了多少种图书，出版了哪些图书，出版图书的书名、内容是什么，这些具体信息出版行政主管部门都不能及时得到反馈。而在书号实名申领过程中，上级行政主管部门对书稿的信息和运作过程一目了然，起到了很好的管理作用。书号实名申领系统要求申领书号时，必须详细填写书名、书稿的内容提要、作者的相关信息以及三审人员的名单，这样书号就与图书得到了一一对应，出版行政管理部门也能够及时掌握书稿的信息，从而对图书质量进行把关。同时，书号实名申领规范了出版单位的出版行为，在书号网上实名申领的管理过程中，上级行政主管部门可以有效地控制出版社买卖书号的活动，防止一号多用现象的产生，严厉打击违法盗版活动。书号实名申领制为新闻出版总署建立起一整套科学、有效的信息采集和加工整理体系，为建立全国出版物元数据库做好充分准备，从而建立权威的全国总书目、全国新书目、可供货书目等系统，为深度开发书目信息资源打下了良好的基础。全国出版物元数据库的建立，可以使全国各级新闻出版管理部门和"扫黄打非"机构在查处违法盗版出版物尤其是涉及一号多用的出版物时，通过网络直接核实相关数据信息，而不再需要向相关出版责任单位核对信息；读者也可以通过查询全国出版物元数据库核实购买图书的相关信息。

(3) 书号实名申领的实施可以推进出版机构内部改革。

在我国，行政主管部门对出版业进行严格的审批，书号是国家赋予出版单位的特许标志，具有一定的价值。书号实名申领主要是按照出版单位的生产能力和出版的需要为出版单位配置书号，目的是使出版资源得到优化配置。面对新政策、新模式、新机遇，特色突出、资源多、能力强、社会效益与经济效益均处于良好状态的出版单位必将迎来空前发展。出版单位不仅要使内部编务管理、出版管理与书号实名制管理模式快速接轨，还要通过培训、学习交流等手段不断提高编辑的业务水平和工作效率，巩固优秀资源，强化优势模块，增强核心竞争力。

(4) 实行书号申领制有利于规范民营书业的管理。

多年来，民营书业占据了一定的市场，得到了大规模的发展。但是，行政主管部门对民营书业始终没有找到有效的管理途径。通过书号实名申领的实施，民营书业的选题被纳入新闻出版总署的管理范围中。这就规范了民营书业的管理，在民营书业中可以防止买卖书号现象的产生，坚决杜绝一号多用的现象。同时，书号实名申领制实施以后，必将促进民营书业与国有出版单位的联合，从而加速出版业市场的资本整合。

2008年6月29日，书号实名申领制实施前夕，辽宁出版传媒股份有限公司旗下的万卷出版有限责任公司与我国知名出版策划人路金波合资成立了辽宁万榕书业发展有限责任公司，国有出版单位与民营出版商强强联合。

2009年4月25日，第十九届全国图书交易博览会在济南开幕，博览会上凤凰出版传媒集团旗下的江苏人民出版社与北京共和联动图书有限公司合资成立了北京凤凰联动文化传媒有限公司，国有出版单位与民营书业实现联合。

(5) 书号实名申领制对选题管理的强化。

出版社申领书号之前必须要把书稿的选题上报给上级行政主管部门。上报选题时，相关编辑人员要详细填写书稿的内容提要、作者情况及相关信息，这样上级行政主管部门就对该选题的情况有了详细的了解，这在客观上起到了督促出版社加强自身业务监管的作用。出版社在上报选题时，必须了解该选题的策划、组稿、作者、拟定书名等具体情况。同时，民营书业若想获得书号，必须与出版社进行密切的协作，严格按照规定的时间进行选题上报，在书稿的编辑、校对、发印过程中，也必须按照出版社的规定严格执行。

3. 书号实名申领制的落实

为了加快书号实名申领制的贯彻落实，出版行政管理部门做了大量具体的工作。首先出版行政管理部门加大了宣传力度，通过各种媒体宣传书号实名申领政策，包括该政策的具体内容和实施的意义，使广大人民群众了解书号实名申领并懂得维护自己的合法权益，知道通过哪些途径以及如何查验购买图书的真伪。目前，任何人都可以通过中国国家版本馆国家版本数据中心（PDC平台）查询图书在版编目数据。其次，出版行政管理部门对书号实名申领所需要的知识和技术加强了培训。新闻出版总署和各省级新闻出版局都下发了关于学习书号实名申领的文件，并要求各出版单位贯彻落实学习书号实名申领的各种知识，使出版从业人员了解并掌握书号实名申领的各项技术。再次，出版行政管理部门对书号实名申领加强了保密和监督的工作。各出版单位从事书号实名申领的具体工作人员要对申领书号的用户名和密码严格保密，决不能对外界泄露密码，严防因工作失误造成书号流失，否则将受到严厉的制裁。

4. 书号管理的法律体系建设

对书号的管理，国家陆续出台了一系列政策。

1993年，买卖书号问题引起了两会代表的高度重视，成为当年会议期间的一个严肃话题；《中国新闻出版报》曾两次对买卖书号的问题进行专题报道，买卖书号引起了全社会的高度重视。1993年10

月26日，中共中央宣传部、新闻出版署联合发出的《关于禁止“买卖书号”的通知》规定，严禁任何单位、任何个人以任何形式购买书号。购买书号出版的图书，属非法出版物，坚决予以取缔。其他单位和个人违反上述规定，按非法出版活动处置。触犯刑律的，由司法机关惩处。

1993年，新闻出版署颁布《关于贯彻执行中宣部、新闻出版署〈关于禁止“买卖书号”的通知〉的办法》。该办法规定，对买卖书号查处的原则是对出版社及有关责任者将分别情况给予行政处罚，情节严重构成犯罪的，依法追究法律责任。但是，追究什么样的法律责任并没有明确规定。买卖书号现象仍然通过各种形式存在着。

1997年，新闻出版署出台《关于严格禁止买卖书号、刊号、版号等问题的若干规定》。1997年2月，国务院正式颁发《出版管理条例》，其中明确规定，出版单位不得向任何单位和个人出售或者以其他形式转让本单位的名称、书号、刊号或者版号，并不得出租本单位的名称、刊号；对买卖书号情节严重的出版单位，要责令停业整顿或者吊销许可证。1997年3月，全国人大通过新的《中华人民共和国刑法》，其中对打击出版领域的犯罪活动做出一系列明确规定。

1998年12月，最高人民法院发布的《关于审理非法出版物刑事案件具体应用法律若干问题的解释》中规定，对出版单位买卖书号、刊号、版号情节严重的，要追究刑事责任。

2000年，新闻出版署再次下发通知，对买卖书号问题进行专项治理。

2001 年 6 月，新闻出版总署发布《关于重申禁止中国标准书号“一号多用”规定的通知》。该通知在重申上述规定外，又做了相关补充：多卷本的丛套书（含上、中、下册），在每卷册分别定价销售的情况下，各分卷册应单独使用书号；若丛套书的分卷册不分别定价销售，全套书只有一个总定价，可使用一个书号。

为使书号实名申领制的落实有法可依、有章可循，经过长时间的调研，新闻出版总署于 2009 年 1 月 7 日出台《书号实名申领管理办法（试行）》。该办法的出台填补了我国书号管理的法律漏洞，其实施对贯彻书号实名申领制有着重大意义，使我国出版业政府管理制度得到进一步完善。

（四）出版社经营活动限制

对出版社的经营活动限制，主要体现在《出版管理条例》《出版物市场管理规定》等相关条例、法规中。

《出版管理条例》第二条规定，在中华人民共和国境内从事出版活动，适用本条例。本条例所称出版活动，包括出版物的出版、印刷或者复制、进口、发行。本条例所称出版物，是指报纸、期刊、图书、音像制品、电子出版物等。

第四十一条规定，出版物进口业务，由依照本条例设立的出版物进口经营单位经营；其他单位和个人不得从事出版物进口业务。

第六十二条至第七十一条，对出版经营行为做出一系列禁止性规定，并详细罗列了一系列禁止性行为及其相应的处罚规定。出版经营禁止性行为包括：出版、进口、复制、发行、出售含有《出版管理条例》第二十五条、第二十六条禁止内容的出版物的；出售或者以其他形式转让本出版单位的名称、书号、刊号、版号、版面，或者出租本单位的名称、刊号的；利用出版活动谋取其他不正当利益的；进口、印刷、复制、发行国务院出版行政主管部门禁止进口的出版物的；走私出版物，印刷、复制走私的境外出版物的；以及关于行政审批、变更登记的办理，年度出版计划及重大选题备案，样书送交，进口出版物目录报送备案，境外出版物展览举办等等一系列违法违规行为。

2016 年 4 月 26 日，国家新闻出版广播电影电视总局、中华人民共和国商务部令第 10 号发布，自 2016 年 6 月 1 日起施行的《出版物市场管理规定》，对申请从事出版物发行业务、出版物发行活动管理及相关法律责任做了详细具体的规定。

(五) 中小学教材管理

我国全面实行九年义务教育制度，小学教科书和中学教科书是义务教育的重要组成，是政府管理图书出版业中范围最广的领域，也是政府管理图书出版业中管理力度最大的领域，中小学教科书的出版和发行在我国图书出版业中占有举足轻重的地位。我国政府主要从以下几个方面管理中小学教科书的出版工作：第一，政府有关部门对中小学教科书的编写实行严格的审定制度；第二，政府有关部门对中小学教科书的出版工作和发行工作实行招标制度；第三，政府有关部门对中小学教科书实行价格管理，政府部门严格控制中小学教科书的定价；等等。

《出版管理条例》第三十条规定，中学小学教科书由国务院教育行政主管部门审定;其出版、发行单位应当具有适应教科书出版、发行业务需要的资金、组织机构和人员等条件,并取得国务院出版行政主管部门批准的教科书出版、发行资质。纳入政府采购范围的中学小学教科书,其发行单位按照《中华人民共和国政府采购法》的有关规定确定。其他任何单位或者个人不得从事中学小学教科书的出版、发行业务。目前,我国出版社遇到的问题在于过度依赖教材,如新华书店的大部分利润来自教材的发行。因此在出版界,有“无教不立,无考不富”之说。特别是地方出版社,其生存主要依赖中小学教材的出版、发行。

(六) 激励制度

为了进一步实施科教兴国战略,提高民族素质,弘扬中华民族优秀文化,政府对出版业采取了一系列的激励措施。如根据《出版管理条例》第五十五条的规定,国家支持、鼓励下列优秀的、重点的出版物的出版:对阐述、传播宪法确定的基本原则有重大作用的;对弘扬社会主义核心价值体系,对在人民中进行爱国主义、集体主义、社会主义和民族团结教育以及弘扬社会公德、职业道德、家庭美德有重要意义的;对弘扬民族优秀文化,促进国际文化交流有重大作用的;对推进文化创新,及时反映国内外新的科学文化成果有重大贡献的;对服务农业、农村和农民,促进公共文化服务有重大作用的;其他具有重要思想价值、科学价值或者文化艺术价值的。在激励措施的具体实施过程中,主要包括税收方面的优惠、经济上的资助等;对在少数民族地区、边疆地区、经济不发达地区和农村地区发行的出版物,给予一系列优惠；对少数民族语言文字和盲文出版物的发行，给予保障性优惠等等。

第二节 改革开放以来出版业所取得的成就

2018 年 12 月 20 日，中国出版协会理事长、原国家新闻出版总署署长柳斌杰在接受《中国新闻出版广电报》采访时指出，中国出版业有过辉煌的历程，为人类的文化传承做出了特殊的贡献，在全球文明史上具有一定的地位。在改革开放 40 年中，中国出版业又创造了新的辉煌成绩。经过 40 年的奋斗，中国一跃而成全球公认的出版大国，受到了全球出版同行的赞誉。国际版协的两任主席都说过："21 世纪的出版是中国的，没有中国出版的参与就不叫国际出版。"由此可见现当代中国出版的国际地位。党的十八大后这几年，出版业主要是在融合发展、提高质量等方面深入推进改革，巩固了改革开放的成果。一是融合发展，创造了多媒体出版的新局面。二是调整结构，数字、网络出版高速发展。三是提高质量，走高质量发展道路。四是国际传播力增长，加大了国际传播的力度。①

---

① 柳斌杰：深化改革 融合发展 建设出版强国[N]. 中国新闻出版广电报，2018-12-19(T02).

一、产业规模不断壮大

(一) 改革开放以前

改革开放以前，由于各方面原因，党和政府将出版业的功能主要定位在意识形态方面。当时的出版物主要是毛泽东著作及其相关出版物，以及少量的政治读物，出版量最大的图书是毛泽东著作。据统计，“仅 1966 至 1970 年的 5 年间，就出版了毛泽东著作 42.06 亿册，毛泽东像和单张语录 62.27 亿张，平均每年 20 多亿册张”[①]。当时，出版社的规模较小，数量不多，除了北京、上海等几个大城市有多家出版社以外，大多数省份都是每个省只有一家出版社。截至 1978 年年底，全国仅有 105 家出版社。出版社属于计划经济体制，采取计划方式进行经营，出版费用由国家投资，国家统一制订出版计划、下达出版任务，出版物的印制由新华印刷厂集中进行，出版物的发行渠道仅有新华书店，出版社仅需按照国家计划负责出版工作，无须考虑盈亏情况。

(二) 改革开放以后

改革开放以后，出版业迅速恢复发展。

据统计，1978—1991 年我国出版社数量增长了 3.4 倍，年均增长 12.1%。[②] 图书出版总品种数增长 5.0 倍，年均增长 14.7%(其中新

---

① 周蔚华. 出版产业研究[M]. 北京：中国人民大学出版社，2005：227.

② 方厚枢，魏玉山. 中国出版通史・中华人民共和国卷[M]. 北京：中国书籍出版社，2008：200-202，230.

书品种数增长 3.9 倍，年均增长 13.0%）；总印数增长 62.7%，年均增长 3.8%；总印张数增长 96.5%，年均增长 5.3%。

1992—2001 年，全国出版布局基本形成，出版社数量增长 9.4%，年均增长 1.0%。总品种数增长、总印数出现回落，图书出版呈现出日益分众化、多层次的发展趋势，新书品种增速明显低于上一时期，新书出版得到了有效控制，重版品种以 7.1%的年均增长速度逐年递增。该时期规模稳中有升，出版实力有所提高。

2002—2011 年，出版社数量稳中有升，由 532 家增至 547 家。出版规模增长略快于上一时期，总品种数增长 1.2 倍，年均增长 8.9%（其中新书出版品种增长 1.1 倍，年均增长 8.4%）；总印数增长 12.2%，年均增长 1.3%；总印张数增长 39.0%，年均增长 3.7%。

2012—2017 年，全国出版社由 547 家增加到 552 家，数量基本保持稳定。图书出版总品种数增长 23.8%，年均增长 4.4%，其中新出品种 5.4%的增长速度，明显低于重印品种 49.7%的增长速度。图书出版单位由追求数量转向提高质量，结构调整进一步优化、市场整顿初见成效。党的十八大以来，我国图书出版业规模进入快速发展的阶段，图书出版营业收入和利润总额持续上升，2017 年实现营业收入 879.60 亿元，与 2012 年相比增长 21.6%，年均增长速度4.0%；实现利润总额 137.48 亿元，较 2012 年相比增长 19.3%，年均增长速度 3.6%。[①]

2021 年，我国共出版图书、期刊、报纸、音像制品和电子出版物

---

① 王曦.改革开放 40 年的图书出版[J].科技与出版，2018(12)：13-24.

562.5亿册(份、盒、张)。《中华人民共和国2021年国民经济和社会发展统计公报》统计数据显示,在图书、期刊出版方面,2021年全年我国出版各类报纸276亿份,各类期刊20亿册,图书110亿册(张),全国人均图书拥有量为7.76册(张)。①

截至目前,我国出版业的产业规模迅速扩大,产业体系比较完整,出版单位的数量显著增长,出版从业人员规模不断扩大、素质不断提高,出版产品的品种、印刷数量、印张总量、销售额等均显著增长。出版业改革成就巨大,已打破了原来的计划模式,市场主体地位不断提升,市场参与度不断提高,形成了竞争发展的体制机制。我国已成为名副其实的出版大国。

二、管理制度改革稳步推进

目前,我国出版系统完成了“局社分开、管办分离”的改革,政府管理制度由行政管理为主,逐步向运用行政、法律、经济、技术等综合管理手段转变,基本形成了适应社会主义市场经济要求的出版业政府管理体制。政府对出版业的管理,一方面,在宏观上,综合运用各种管理手段,如行政管理、法律制约、经济调控等,对出版工作进行统筹调控,包括引导出版方向、控制出版总量、谋划出版布局、整合出版结构、控制出版质量、强化出版效益等;另一方面,对出版市场进一步加强调控,对国有资产的投资和融资行为进行严格监管,强化出版机

① 国家统计局.中华人民共和国2021年国民经济和社会发展统计公报[J].中国统计,2022(3):20.

构跨地域经营、跨行业经营的管理，对出版机构进入市场实行严格的准入控制等。同时，微观出版企业也展现了自己的活力，出版业的管理与繁荣同步健康发展。

第一，党和政府积极调整出版管理机构、转变政府职能，积极应对各种问题，出台一系列政策制度，保障和维护了出版业的发展秩序。第二，改革经营管理体制，首先将出版机构由事业单位性质转变为事业单位实行企业化管理，然后进一步将出版单位区分为公益性单位和经营性单位进行管理。

党和政府不断提高出版业的市场化和产业化程度。出版机构根据现代企业制度要求，积极调整出版组织结构，努力转换机构内部经营机制，成为自主经营、自负盈亏的法人实体和市场竞争主体。同时，根据体制改革、机制创新的目标，加快出版集团的组建，重点培育大型出版集团，并以资产和业务为纽带，对出版集团进行公司制、股份制改造，增强整体实力和国际竞争力。

出版管理体制的不断完善，使我国的出版行政管理工作与宣传思想工作做到了集中和统一。出版业坚持以马克思主义为指导，坚持以社会主义核心价值观引领社会主义文化建设，可以更好地完成习近平总书记强调的新形势下宣传思想工作的举旗帜、聚民心、育新人、兴文化、展形象的使命任务，可以生产出更好更多的、能够提升人民精神的出版产品，可以更好地满足人民群众的精神文化需求，可以为我国建设成为社会主义文化强国添砖加瓦。

三、法律体系不断完善

中华人民共和国成立伊始，出版业政府管理主要依靠党的文件、主管部门的通知和会议、讲话等进行指导，无法可依。随着党和政府对法律体系建设的重视，形成了主要以一部法律：《中华人民共和国著作权法》，以及五部条例：《出版管理条例》《音像制品管理条例》《印刷业管理条例》《计算机软件保护条例》《中华人民共和国著作权法实施条例》和各项行政法规如《图书出版管理规定》《报纸出版管理规定》等构成的法律体系，使得出版的各个环节基本上有法可依、有章可循。

尤其是“十三五”期间，在与出版相关法律法规方面，立法和修订工作贯穿始终。其中，最重要的当属 2020 年 11 月修订的《中华人民共和国著作权法》(2021 年 6 月 1 日实施)。新著作权法具有以下四点突破：

第一，对作品的定义更加合理，使作品的范围进一步扩大。首先，在新著作权法颁布之前，对作品定义的解释主要是通过《中华人民共和国著作权法实施条例》进行解释的，即：文学、艺术、科学领域内具有独创性并能以某种有形形式复制的智力成果。新著作权法将“能以某种有形形式复制”改为“能以一定形式表现”，弥补了原来作品定义中只有外延没有内涵的缺陷。其次，新著作权法对作品类型的区分进行了统一。新著作权法不再依据作品的创作手法来划分作品类型，而是根据作品的外在表现形式。再次，新著作权法颁布之前，关于作品的外延解释是“法律、行政法规规定的其他作品”，新著作权法将其改为“符合作品特征的其他智力成果”，这一变化扩大了作品的范围。

第二，新著作权法对时事新闻和单纯事实消息进行了区分。新著作权法颁布之前，时事新闻不受著作权法的保护，在司法实践中，对时事新闻的界定标准不同导致了裁判版权纠纷的结果也不同，侵权盗版行为不能有效受到法律约束，拥有著作权的时事新闻作品不能得到版权保护。新著作权法将时事新闻不适用著作权法，修改为“单纯事实消息”不适用著作权法，而单纯事实消息属于狭义的新闻，仅仅指时事新闻报道，不具独创性。这一变化为应当受到版权保护的时事新闻作品提供了法律保护依据。

第三，新著作权法引入了惩罚性赔偿和最低赔偿额制度。新著作权法对故意造成严重侵权的行为人，可以判决其赔偿权利受害人权利使用费一倍以上五倍以下的数额，同时将赔偿数额的下限规定为 500 元，上限提高到 500 万元。这个变化将有效遏制侵权行为的发生，有助于化解版权纠纷造成的社会矛盾。

第四，新著作权法对著作权集体管理组织的调解职能进行了扩充，对著作权集体管理组织与使用者产生矛盾时的解决机制进行了明确，增加了著作权集体管理组织的义务，明确了主管部门对著作权集体组织的监督和管理，这将使著作权集体管理组织的发展更加健康、有序，也使其运作更加公开、透明。由此可见，新著作权法的颁布实施，对出版业的未来发展增强了法律保障功能。

同时，与出版相关的法律法规在“十三五”期间也陆续出台或修订，如2017年3月1日开始实施的《中华人民共和国公共文化服务保障法》，促进了全民公共文化设施的建设；很多省市配合全民阅读的倡导进行地方立法，出台全民阅读促进条例；《出版管理条例》于2016年进行第4次修订（2020年再次修订），《音像制品管理条例》于2016年进行第3次修订（2020年再次修订），《印刷业管理条例》于2017年进行第2次修订（2020年再次修订），与这些条例配套的规章制度也进行了相应的修改，如《音像制品出版管理规定》《期刊出版管理规定》《音像制品制作管理规定》《新闻出版许可证管理办法》《图书、期刊、音像制品、电子出版物重大选题备案办法》等。在出版法治化道路上，"十三五"期间卓有成效，一方面是新立法、修改立法，另一方面是废止和清理相关的规范性文件，为"十四五"时期出版业的发展提供了良好的制度保障。

四、对外交流不断扩大

没有改革开放，就没有当代出版业的繁荣发展。改革开放推进了我国的社会变革，推进了出版的跨越发展。政府制定一系列政策措施，大力推动出版业开展对外交流，出版业在版权输出、合作出版、营销发行、对外交流等方面，取得了一系列成绩和突破，海外布局规模初具。我国的大型出版社和出版集团在全球多个国家设立联络站点、分支机构，我国的图书进入全球200余个国家和地区。我国出版业国际影响力不断增强，对外发展成果巨大。

（一）1978—1991年，恢复发展阶段

改革开放以来，我国出版业重新打开对外开放的大门，通过学

习、交流、合作等多种方式,积极实行对外开放。大量出版单位派出编辑人员、营销人员、印刷人员到世界先进国家和地区访问、交流,学习他们的先进知识和技术,接受各种培训,积极参加各种国际会议、国际书展和出版博览会等众多国际交流活动,直接与国外出版单位和出版商进行对话和交流,并与他们逐步建立了广泛联系和友好关系。同时,我国出版业相关政府管理机构积极邀请联合国教科文组织等国际组织到我国进行指导、交流,很多有实力的出版单位纷纷邀请世界著名的出版单位到我国来进行交流合作,以促进我国出版业与国际接轨,更好地走出去。

1985 年 4 月,我国在上海首次举办国际书展。1986 年 9 月,中华人民共和国成立以来规模最大的国际图书博览会——北京国际图书博览会召开。这一时期,我国还举办了北京国际儿童图书博览会、北京国际音像电子出版物博览会、北京国际印刷技术展览会等。

1981 年 8 月,国家出版局印发《加强对外合作出版管理的暂行办法》,鼓励出版业开展对外贸易,明确指出出版业在对外合作过程中要获得经济效益。出版业由此广泛开展与国外出版机构的版权贸易和合作出版业务。在版权输出方面,一批有关我国传统文化的图书和反映我国经济、政治、文化的图书通过版权转让的方式输出到国外,促进外国读者了解中国优秀传统文化和当代中国的真实面貌,在外国读者心里逐渐树立了中国形象。值得一提的是,英国培格曼出版社于 1984 年购买了《邓小平文选》的英文版权,邓小平理论开启了在西方传播的新篇章。在版权引进方面,我国出版业也做了大量积极的工作，大量体现世界先进水平的科技出版物被引入国内，如信息科技、能源科技、生物科技等世界前沿技术进入了我国读者的视野，促进了我国科技工作者对世界科技的了解与学习。如中国大百科全书出版社于1980年从美国不列颠百科全书公司购买了《简明不列颠百科全书》的版权。另外，教育领域、商业领域、法律类的图书也进入我国，使我国读者全面了解世界的发展。同时，我国出版业开始尝试与国外出版机构进行合作出版。如中国少年儿童出版社在1979年与美国时代生活图书公司合作出版了《少儿百科全书》。

(二) 1992—2002年，探索调整阶段

1992年，邓小平南方谈话，党的十四大召开，我国出版业更加开放。在印刷方面，上海、北京、天津等地先后成立一批中外合资印刷企业。在图书发行方面，上海贝塔斯曼文化实业有限公司成立，该公司是中国和德国合资建立的企业，主要业务是出版物的发行，包括图书、报纸、期刊的发行零售。

进入21世纪，社会主义市场经济不断完善，经济全球化深入发展，我国加入世界贸易组织，在经济、社会发展的大背景下，我国出版业进入了全面开放的发展新阶段。国外出版企业纷纷抢抓我国出版市场的发展机遇，对我国出版市场进行资本投入，在我国设立分支机构，如德国贝塔斯曼集团、美国著名出版商西蒙·舒斯特、以出版英语词典而闻名的英国朗曼出版集团公司、日本最大的综合出版社讲谈社等。在印刷领域，我国基本实现对国外资本的全面开放。

(三) 2003—2012年，深化开拓阶段

2003年，我国文化体制改革试点工作正式启动，出版业体制进

入全面改革阶段，对外开放力度进一步加大，“走出去”成为出版业对外开放的重大战略。2005 年，中共中央办公厅、国务院办公厅印发《关于进一步加强和改进文化产品和服务出口工作的意见》；2006 年，《国务院办公厅转发财政部等部门〈关于鼓励和支持文化产品和服务出口的若干政策〉》印发；2007 年，新闻出版总署提出了在八个方面支持中国图书“走出去”的具体措施，支持重点出版企业申办出版项目的出口权等；2011 年，新闻出版总署公布《新闻出版业“十二五”时期发展规划》，将统筹国际国内两个大局、推动新闻出版业“走出去”作为出版业发展“十二五”时期七个重点任务之一；2012 年，新闻出版总署出台《关于加快我国新闻出版业走出去的若干意见》，是我国政府出台的关于新闻出版业“走出去”发展战略的第一个专门文件，对新闻出版业“走出去”发展战略从国家层面进行全面部署。

在一系列鼓励出版业“走出去”政策的支持下，我国出版单位积极描绘对外开放蓝图，谱写对外开放新篇章。全国一大批出版社在版权输出、合作出版、营销发行、对外交流等方面，取得了一系列成绩和突破，出版业海外布局规模初具。例如，长江文艺出版社出版的小说《狼图腾》，在全世界 100 余个国家和地区发行，被译成 30 余种文字。上海新闻出版发展有限公司与美国读者文摘合作出版“文化中国”丛书，每年出版近 20 种图书，并已进入美国主流销售渠道。上海新闻出版发展有限公司与法国拉加代尔集团达成合作共识、建立合作伙伴关系，形成跨国分销、零售网络，使我国的精品图书在世界多地的机场、火车站、地铁站、商业中心等进行销售。我国出版业还通过组团参加国际书展、在国际书展上设立中国主宾国、积极举办国际图书博览会等活动形式，深入开展对外交流工作。

（四）2013年至今，创新发展阶段

2013年9月和10月，国家主席习近平分别提出建设“新丝绸之路经济带”和“21世纪海上丝绸之路”合作倡议，即“一带一路”倡议，提出共建“一带一路”的伟大构想。在“一带一路”倡议大背景下，我国出版业将“走出去”的发展战略聚焦于“一带一路”沿线国家。但是，由于意识形态的不同和地区文化差异较大，出版业在迎接对外交流合作新机遇的同时，也面临很大的挑战和风险。

2014年年底，出版业设立“一带一路”倡议重大项目——“丝路书香”工程，对过去以英文图书为主的版权输出语种结构起到了一定的改善作用，加快了小语种版权贸易的开展。其中，解读中华民族伟大复兴中国梦、传播社会主义核心价值观、讲述中国故事的主题图书、文学图书，以及少儿教育类图书、中国历史类图书和汉语学习培训类图书等占据主要位置。很多大型出版社和出版集团积极在“一带一路”沿线国家设立联络站点、分支机构等，通过当地的出版机构、组织和个人宣传推广我国的优质出版产品。

在这一时期，我国出版业在继续参加国际大型书展、开办图书博览会的同时，还积极参加“一带一路”沿线国家开办的各种书展，进一步开展文化交流。

第三节　出版业政府管理缺陷及其成因

一、我国出版业政府管理缺陷

我国出版业在取得巨大成就的同时，也出现了很多问题，其原因是多方面的，既有我国国情的特殊原因，也有发展过程中的一般性原因，分析如下。

（一）出版业政府管理职能缺位

出版业政府管理职能缺位是指，出版业在发展过程中出现了市场失灵的现象，这时需要政府及时出手发挥行政管理职能，使市场失灵的问题得到有效抑制和解决，但是政府并没有有效行使其行政管理职能，从而导致出版业市场乱象丛生。我国在出版体制改革转轨的进程中，政府管理缺位现象突出，在出版产品的传播、印制、发行等环节均有体现，信息不对称现象突出。与我国出版业体制变革和出版经济发展相比，出版业政府管理改革明显滞后，没有及时进行角色转变和职能转变，行政资源缺乏合理化分配，没有跟上出版业发展的步伐。这些问题导致了出版产品质量不高，不能满足人民大众的精神文化需要，不能有效地制止非法出版行为，严重损害作者和读者的合法权益等。

（二）出版业政府管理能力不足

出版业政府管理能力不足是指，政府在出版业发展过程中，及时发现了问题，并针对这些问题采取了相应的措施、行使了行政管理职能，但是，这些措施并没有使问题得到有效解决，出版效率没有得到有效提高，出版业的发展速度没有明显提升，政府的管理能力已经无法满足出版业的发展需要。出版业政府管理能力不足主要表现在两个方面：第一，对出版业出现的地方保护主义、垄断经营、市场参与度低、缺乏有效竞争等现象，政府不能通过行使有效的行政管理职能进行解决，整个出版业形成行业垄断现象，出版效率低下，难以实现出版业变革；第二，政府管理对出版负外部效应不能做到有效地抑制或消除，出版产品质量低下，出版服务不到位，消费者权益受到严重侵害。

（三）出版业政府管理过度

出版业政府管理过度是指，政府对出版业的管理超越了应对市场失灵现象的应有的管理权限或范围，抑制了市场经济的正常发展和市场主体活力的发挥，市场资源配置不合理，甚至为寻租行为的产生提供了条件。出版业政府管理过度主要表现在两个方面。第一，我国出版业具有行政垄断的特点，出版资质仅掌握在少数企业手中，市场的作用在出版业发展过程中得不到有效发挥，出版业的稳定、健康发展受到限制。第二，我国政府对出版领域的创业、投资等方面限制太多，形成了权力租金，导致了寻租活动的泛滥，经济成本加大，经济效益降低。

(四) 出版业政府管理成本过高

出版业政府管理虽然在一定程度上实现了抑制外部效应、弥补市场失灵的目的,但是,政府管理的成本高、代价大、效率低。从出版业政府管理的流程来看,出版管理成本主要包括以下三个方面:第一,直接成本,即政府管理制度的运行成本,包括管理制度的制定成本和管理制度的运作成本;第二,政府管理制度实施后对出版经济效率产生的相关费用,如转移成本、反腐成本等;第三,管理机会成本,这是由政府实施管理前的经济效益与实施管理后的经济效益相比较而得出的成本。我国出版管理实践表明,政府实行管理所付出的成本是巨大的,但是效益却不尽如人意。

(五) 出版业准入制度严格

我国对出版社的总体数量进行严格控制。出版业准入制度的严格性对我国出版业的发展造成了一定的不利影响,阻碍了潜在竞争者参与出版市场竞争,也使出版业内部不能得到充分竞争,不能够充分发挥市场的资源配置作用,出版工作效率得不到有效提高。

二、出版业政府管理缺陷的成因

目前我国的出版业政府管理体制,由于对出版产业的重视度不够、缺少独立的管理机构、法律体系不完善、缺乏有效监督等,阻碍了市场机制充分发挥资源配置的作用,调节市场失灵的功效得不到有效发挥,一定程度上阻碍了出版效率的提高,使出版成本不断增加,阻碍了出版业市场竞争秩序的建立,不利于市场经济体制的健康发展和完善。

（一）缺乏产业重视度

出版产品具有公共性和外部性的特性，因此，政府必须对其进行有效管理。出版业兼具意识形态属性和经济属性，因此，出版业必须坚持优先发展社会效益，并坚持社会效益和经济效益的统一。出版业应注重优秀文化的传承和对社会进步的促进作用，也应遵循市场规律、符合市场经济逻辑。随着我国经济体制改革的不断深化，出版业经历了转企改制，完成了由事业性质到产业化的蜕变。出版产品由于具有的意识形态的属性，因此，政府对出版业的管理应做到程度深入、范围广泛、方式严格。但是，由于各种原因，我国经济发展与文化发展出现了不平衡的现象，在出版业发展过程中，社会公共利益和市场竞争之间的不平衡关系越来越凸显。一方面，出版业的转企改制工作已经完成，正在向市场化发展大步迈进，出版单位应该以市场主体的身份参与市场竞争，需要不断增强发展的自主性和独立性，因此，出版业需要政府下放更多的权力。另一方面，出版产品既具有意识形态属性，也具有商品属性，导致了出版业在市场化进程中，政府对其管理没有经验可循，难免缺乏科学性，从而出现了结构不均衡、不正当竞争等问题。由于历史原因，我国政府往往过于重视出版产品的意识形态属性，轻视其商品属性，这就导致了在政府管理出版业的过程中，不能有效平衡意识形态属性与商品属性之间的关系，意识形态的发展稳定性得不到保证，也不利于我国文化产业的繁荣发展。

（二）缺乏独立的管理机构

出版产品涉及出版、印制、发行、运输、销售、宣传等诸多环节，因此，从行政管理角度看，对出版产品的管理涉及诸多部门，如文化部门、出版单位、工商管理部门、交通部门、海关、城市管理等，也涉及多方面的问题。因此，在对出版业具体管理过程中，一方面，出版产品的市场管理主体过多，出现了管理职能不明确、对管理制度的解读不一、管理执行力度不一、管理行为交叉等问题，同时各管理主体之间容易出现争权夺利的现象等。另一方面，一些管理部门受到利益的驱使，容易出现没有利益可图时推脱责任、有利可图时一味追逐利益的腐败现象。另外，基层管理部门在管理方式、管理执行力度等方面会受到各种限制，容易导致管理环节衔接不到位、管理不及时甚至管理脱节的现象。

（三）缺乏完善的法律体系

随着出版业改革的不断深入，其法律法规的局限性逐步凸显，主要表现在以下四个方面。第一，法律体系不完善，立法体系不完整，立法目标不明确。第二，立法层级较低，除宪法中明确规定出版自由的基本权利以外，政府一直没有制定专门的出版法律，政府对出版业的管理依据主要是行政法规、部门规章、地方规定等效力级别较低的法规条文，并且有些规章、制度相对滞后，无法对快速发展的出版业进行有效管理。第三，出版业现行法规、规章、规定等多是由国家新闻出版署及地方新闻出版部门制定，立法程序封闭，缺乏公开听证环节，管理对象缺少表达意见的机会。同时，立法部门由于利益的左右，不能保证制定的法规、规章、规定等的公平性、公正性和中立性。第四，法规、规章、规定的约束力和执行力不强。由于出版市场监管的依据多是行政法规，因此，其对出版行为的约束力不强，实际执行较为随意，缺乏可操作性。

（四）缺乏对管理者的有效监督

首先，我国出版业政府管理部门主要有中共中央宣传部、国家新闻出版署和各地新闻出版局，这些机构兼具政策制定与市场管理的双重身份，缺乏独立性，对它们的行为难以进行有效的监督。因此，在对出版业的管理中，人为控制的范围较大，存在权力膨胀的现象和权力寻租的风险。公共选择理论认为，政府官员都是利己主义者，都是具有私人利益目标的“经济人”，他们时刻关注自身在社会活动和市场交易中付出的成本和获取的利益，追求的是自身效用的最大化。政府在制定和实施公共政策的过程中，如果缺乏有效的内部约束机制，就容易从自身利益出发，最终导致机构膨胀、政策失败等不利于社会发展的严重后果。其次，我国出版业政府管理在政策制定和执行上不够透明，缺乏中立性，对管理者缺乏有效的监督程序，从而导致出版业管理权力滥用，管理过度，“越位”“缺位”“错位”并存，不能有效激发出版机构的活力，出版生产效率低下。

第六章　出版业政府管理制度创新

第一节　出版业政府管理制度指导思想创新

我国的政治体制决定了出版业只有维护党和政府的政治理念和价值观，坚持正确政治方向，才能实现自身的进一步发展。2011年10月18日中国共产党第十七届中央委员会第六次全体会议通过的《中共中央关于深化文化体制改革推动社会主义文化大发展大繁荣若干重大问题的决定》，对我国文化产业未来的发展做出了重要部署。该决定对文化产业发展提出了六大宏伟目标：社会主义核心价值体系建设深入推进，良好思想道德风尚进一步弘扬，公民素质明显提高；适应人民需要的文化产品更加丰富，精品力作不断涌现；文化事业全面繁荣，覆盖全社会的公共文化服务体系基本建立，努力实现基本公共文化服务均等化；文化产业成为国民经济支柱性产业，整体实力和国际竞争力显著增强，公有制为主体、多种所有制共同发展的文化产业格局全面形成；文化管理体制和文化产品生产经营机制充满活力、富有效率，以民族文化为主体、吸收外来有益文化、推动中华文化走向世界的文化开放格局进一步完善；高素质文化人才队伍发展壮大，文化繁荣发展的人才保障更加有力。出版业作为文化产业的主力军，出版业政府管理制度指导思想在创新过程中，深刻领会该决定精神，努力推进宏伟目标的实现。

一、舆论导向方面

出版业是生产出版产品的特殊行业。出版产品具有意识形态属性，是一种精神产品，对大众的思想会产生深远的影响。有学者认为，在印刷术发明以后，真正从根本上改变历史的，依靠的是书籍。

出版业政府管理必须遵循舆论导向原则。一方面，优秀的出版产品充满正能量，能够传播先进文化，传承优良传统，赋予消费者积极的力量，满足消费者的精神需求，提高消费者的基本素养，陶冶消费者的情操，增强消费者的认同感。这是出版产品的正外部性表现。另一方面，不好的出版产品内容差、质量差，会对消费者产生消极影响，误导消费者，损害消费者的正当权益，也会给整个社会带来危害，破坏民族文化，破坏社会秩序，阻碍社会文化发展。这是出版产品的负外部性表现。出版产品不同于普通的商品，其除了具有商品属性以外，还具有意识形态属性，因此，出版产品对人民群众的意识形态和整个社会的意识形态的稳定都会产生重大的影响。

党的十八大以来，以习近平同志为核心的党中央把宣传思想工作摆在全局工作的重要位置，做出一系列重大决策，实施一系列重大举措，党的理论创新全面推进，中国特色社会主义和中国梦深入人心，社会主义核心价值观和中华优秀传统文化广泛弘扬，主流思想舆论不断巩固壮大，文化自信得到彰显，国家文化软实力和中华文化影响力大幅提升，全党全社会思想上的团结统一更加巩固。习近平同志围绕党的宣传思想工作提出的一系列新思想新观点新论断，极大深化了我们党对宣传思想工作的规律性认识，为做好新时代党的宣传思想工作提供了根本遵循。[①]

出版业是我国党和政府的舆论宣传重地，是文化产业的重要组成部分，肩负着意识形态导向的使命。当前，我国出版业在舆论导向方面主要遇到了以下问题。第一，个别出版单位一味追求短时经济利益，道德失范，不惜出版低俗出版产品，侵蚀着主流价值观和传统道德标准，破坏了社会主义精神文明建设。第二，个别西方国家依然寄希望于对我国实行“和平演变”。它们通过各种途径向我国输入各种出版产品，潜移默化地影响着大众的价值观，在一定程度上冲击着我国的社会环境、文化传统和社会意识。第三，互联网、智能手机等智能媒体的广泛应用，时刻影响着大众的生活，具有强大的舆论功能

① 习近平. 论党的宣传思想工作[M]. 北京：中央文献出版社，2020：出版说明.

和社会动员能力。第四，我国经济发展水平不断提高，出版业的重要任务是满足人民群众日益增长的精神文化需求，以及正确引导人民群众以正当的方式实现个人的合法权益。

因此，出版业政府管理制度创新，首先必须始终坚持正确的政治方向和舆论导向，必须坚持主流价值观和意识形态，切实做好党的理论政策和先进文化等出版物的出版工作，将社会主义核心价值体系建设在出版工作中贯彻好落实好。

二、分类管理方面

（一）分类管理整体情况

1954 年，出版总署完成了私营出版业的社会主义改造工作，出版行政业务划归文化部管理，出版业计划管理体制建立。在计划管理体制下，我国出版业管理一直处在党、政、企混淆不清的状态。改革开放以后，为了尽快推进出版业的发展，党和国家陆续制定了一系列出版相关政策，积极鼓励和大力支持出版工作，我国出版业基本格局建立。

出版业体制改革主要经过三个时期。第一个时期是从改革开放开始到 20 世纪 90 年代初期，是出版规模扩大时期。这一时期，出版工作取得的成绩主要在量上的变化，全国的图书印刷总数提高两倍多。然而，这一时期出版业在发展模式上并没有发生本质变化，依然是事业体制下的计划经济模式，出版管理工作行政化程度较高，出版业处于垄断格局。第二个时期是从 90 年代初期到 20 世纪初，是出版结构优化时期。这一时期，国家制定了一系列规章制度，成立了一批颇具规模的出版集团，出版结构改善较为明显，出版质量显著提高。但是，这些改革措施依然没有使出版业摆脱行政框架，也没有使出版业改革上升到体制改革的层面。第三个时期是从 2002 年党的十六大召开至今，是深化出版体制改革时期。这一时期，国家对文化体制改革的指导思想和目标原则等做出进一步明确，要求进一步深化文化产业改革，加快文化产业结构调整，要求将社会效益放在首要地位，并实现社会效益和经济效益的统一。出版业管理创新主要表现在，政府按照意识形态属性将出版业划分为公益性事业和经营性产业两种类型。

改革开放以后，我国政府在出版业的管理改革创新方面，仅限于对出版业的经营活动进行了适当分类，再次开始重视出版业的经济属性，计划经济机制和市场机制各自为政，各自发挥基本的生产要素配置功能。但是，仅仅这一创新就加大了对出版业发展的推动作用。我国出版业在马克思列宁主义理论、历史名著、古典著作、文学著作、学术理论、科学技术、法律研究、工具书、艺术名著、翻译名著等方面的发展，到达高峰阶段，文化品位获得巨大提升，成书数量规模巨大。其中，在文学出版方面，长篇小说由原来的每年出版 100 部提高到每年出版接近 3 000 部。出版业积极开拓国际文化市场，全面实施“走出去”发展战略，我国作家莫言获得了中国首个诺贝尔文学奖，世界人民更加了解真实的中国。出版业产业规模不断扩大，我国已成为名副其实的出版大国，竞争机制稳步建立。2012 年，新闻出版业总产出从10年前不到3 000亿元一跃到1.6万亿元[1]。

国家新闻出版署2021年12月28日印发的《出版业“十四五”时期发展规划》指出，“十三五”时期，在以习近平同志为核心的党中央坚强领导下，出版业深入贯彻落实党中央关于出版工作的重大决策部署，出版事业与党和国家各项事业同向同步，在正本清源、守正创新中取得历史性成就、发生历史性变革，为社会主义文化强国建设提供了重要支撑。党对出版工作的领导全面加强，出版治理效能不断提升。党的创新理论出版传播工作深入推进，习近平新时代中国特色社会主义思想更加深入人心，深刻地改变着中国、影响着世界，有力发挥了统一思想、凝聚力量的重要作用。出版业持续繁荣发展，各类出版精品佳作迭出，为满足人民日益增长的美好生活需要提供了更加丰富优质的精神食粮。全民阅读活动深入开展，实体书店、农家书屋建设扎实推进，2020年全国出版物发行网点超过26万处，全社会爱读书、读好书、善读书的文明风尚更加浓厚。出版业整体实力与质量效益稳步提升，2020年全国出版、印刷和发行服务营业收入超过1.6万亿元、资产总额超过2.2万亿元、净资产超过1.1万亿元，数字出版产业规模不断壮大，出版业在文化产业中的地位更加凸显。出版“走出去”取得新进展，2020年出版版权输出规模超过1.38万项，出版在增进中外文化交流互鉴、扩大中华文化感召力和影响力方面的作用显著增强。[2] 这些数据表明，我国已经成为出版大国，出版

① 专访全国人大代表、新闻出版总署署长柳斌杰[N].新华网，2013-03-04.

② 国家新闻出版署.出版业“十四五”时期发展规划[J].中国出版，2022(3)：8.

业为我国国民经济的增长做出了重大贡献，是社会主义文化建设的主阵地。但是，在这些成就的背后，出版业的深化改革、深入发展仍然出现很多问题、面临很大的挑战。

（二）分类管理创新模式

1999 年，上海世纪出版集团成立，这是我国成立的第一家出版集团。截至 2019 年年底，全国共有 124 家出版集团。出版集团是我国政府对出版业进行分类管理的创新模式，出版集团已成为我国出版业的主体，肩负着我国建设社会主义文化强国的重要责任，肩负着我国建设成为出版强国的重要责任。

1. 经济全球化对出版业的发展提出新的要求

随着经济全球化的不断深化和发展，全球各个国家和地区的联系更加紧密。在这种环境下，世界上任何一个国家靠单打独斗已经不可能实现自身的发展，我国的出版业要持续发展，就必须抓住机遇，顺应全球发展的潮流，迎接新的挑战。此时，加强与其他国家和地区的交流与沟通显得格外重要，而出版业作为信息交流的载体，在文化交流中的作用越来越重要。我国的出版业和大众媒体有义务让世界了解中国，也有责任让中国了解世界。在欧美，“神秘的东方国度”依旧是出版业对当今的中国惯用的称谓；在国内，一些机构和商业组织等对国际贸易的一些标准、惯例、法规等还有着理解上的误区，造成了我国部分企业在国际竞争中没有优势。

（1）出版集团的运营对国家文化安全负有责任和义务。

经济全球化的发展趋势，必然促进全球文化的碰撞和交流，跨地区、跨民族、跨国家的交流也不断增多，全球不同民族和国家的文化日益“去域化”和“抽象化”，“文化全球化”的概念也顺应产生。当前，“文化全球化”是文化的同质化和一体化，是西方强势文化和意识在全世界范围的传播，也就产生了“文化全球化”近似于“文化西方化”。多元主义者认为，“文化全球化”是不同地区和民族文化碰撞、交流、融合的结果，这样，先进的文化就被全球所共享，就会不断地推进世界文化的良好发展。出版业作为文化传播的载体，对国家文化的发展和安全负有责任和义务。

（2）出版行业体制改革带来的变化。

随着国家对文化企业改革的推进，从 2009 年开始，出版行业迎来了改革的高峰期。国家通过给文化单位资产授权经营，按照现代企业经营模式，建立完善的法人治理结构，由事业单位转变为企业经营。通过改革，出版集团建立现代企业管理制度，成为市场主体的一部分，在整合和完善自身资源的基础上，凭借有效的资源配置，优化了企业结构，在经济全球化的背景下，实现了国有资产的保值和增值。调研也发现，各个出版集团在具体经营中采用了股权投资、股权合作、发行债券等有别于传统出版行业的经营模式进行管理创新和资本运作，进行融资、投资和经营，为企业创造更大价值。

2. 经济全球化下出版集团的融资活动

出版集团的融资活动是指企业筹集资金的过程与行为。常见的有两种渠道：内部融资和外部融资。内部融资由于规模比较小，通常满足不了企业对资金的需求。外部融资相对内部融资更能满足企业投资增长的需要，外部融资主要有权益融资和债务融资两种渠道。在具体操作上，不同的出版集团可以根据自身投资需求，视企业内部环境和外部环境的具体情况，对企业融资进行中长期的系统规划，从而实现企业融资的最低成本和资金保证。在经济全球化的背景下，融集到足够的资金是企业得以再投资的前提，如何降低融资成本是影响企业运营成本的关键。

目前，出版集团的融资通常优先考虑的是借壳上市或者发行新股（IPO），这样就把出版集团的部分资产或整体资产实现证券化，然后通过发行新股、定向发行、增发等方法从资本市场获得大量的资金，用来扩大企业的投资规模。成功的案例有在上海经营的辽宁万榕书业发展有限公司、万邦书业发展有限公司和智业书业发展有限公司。这些公司通过融资强化了主营业务，实现了公司的利润增长，提升了公司在公众中的影响力。但是，我们也发现由此带来的一些不利因素。由于上市公司的自身属性，公告是企业信息发布的其中一种，这种信息发布方式容易造成公司的信息泄密，导致同行业跟风和图书产品的同质化。另外，由于董事会和股东的决策意见差异，有可能导致错失项目实施的最佳时间，给正常的经营造成不利影响。

另外，出版集团还可以利用租赁和银行贷款等间接融资方式。2009 年 11 月，国家开发银行股份有限公司辽宁分行与北方联合出版传媒（集团）股份有限公司签署了《开发性金融合作协议》，标志着双方长期合作的开始。除此之外，典型的案例还有凤凰出版传媒集团经过中国银行市场交易协会的允许，发行中期票据的融资计划。

此计划既保证了固定资产的资金运作和项目建设，又优化了融资方式和结构，降低了融资成本，为进一步拓展市场积蓄了力量。这标志着出版传媒行业第一次发行票据的成功，更是融资平台建设的一种新尝试。

在选择什么融资方式之前，出版集团应充分调研和分析各种影响因素，选择和优化目标资本结构，为具体的融资实施计划打下良好的基础。在经济全球化的进程中，美国等西方国家的事实表明，在选择融资顺序的时候，常常是先内后外，也就是说内部融资优先，外部融资次之，当选择了外部融资时，发行债券在先，发行股票在后，这也就是资本市场通常所说的啄食理论，它从融资交易成本和融资信息的不统一两个方面说明了融资的顺序。按照融资的成本来排序，分别为：内部融资—债务融资—权益融资。目前，债务融资成为出版集团较高盈利质量的一个衡量标志。出版集团选择融资方式、确定目标资本结构，是为集团创造盈利和价值的关键所在。

3. 出版集团的投资活动

在经济全球化的背景下，随着我国资本市场的不断发展和完善，越来越多的出版集团通过股权运作等先进的金融手段来进行资本运作，从而提高公司在行业中的价值。面对出版市场的激烈竞争，谁想获得发展的机会就必须获得资本的支持，资本市场是推进出版集团实现跨越式发展的原动力。

传统企业依靠一笔笔订单来赚取利润、积累资本，同股权交易相比，这种方式规模小、速度慢，远远不能满足企业融资的需要。随着经济的全球化，在激烈的市场竞争中摸爬滚打的出版集团在进行文化商品运营的同时，也应自觉地参与资本市场运作。例如，凤凰出版传媒集团先后参股南京证券和江苏银行，成为它们的第二大股东，这种模式使得凤凰出版传媒集团的资本迅速增加，投资得到了巨大回报。

股权投资、股权合作和出让股权都是有效的投资方式。2009 年 11 月，出版传媒类公司之间相互持股的序幕被时代出版集团和中国出版集团揭开，两者互相为资本合作优先企业，共同拓展海外市场，实现资源共享，优势互补，强强联手，共同分享投资合作所带来的利润蛋糕。

在经济全球化加速的进程中，如何让资本更加高效地循环，为出版集团创造更大的价值，是转制出版集团必须重视的关键问题，它需要出版从业者不断创新思考，如何为出版集团创造更多利润。

4. 出版集团的运营创新模式

新华书店是传统出版与图书发行实现价值销售的终端，它将获得的利润逆向分配给出版发行的各个环节。由于互联网的快速发展和电子信息技术的创新，实体书店受到数字出版物和网上书店的挤压，利润不断下滑。部分实体书店甚至无法维持生存，近年来频现关闭潮，就连新华书店也受到前所未有的竞争压力。对此，出版集团开始探索新的途径，挖掘市场潜力，优化传统发行价值链的各个环节，实行资源整合，摸索出许多有效的运营模式。例如，江苏省广播电视局与凤凰出版传媒集团进行合作，将电影院线引进该集团建设中的新华书店和大型书城，提供看电影和影视购书一条龙服务。此外，凤凰出版传媒集团还利用旗下的房地产资源，建立超大型的文化广场，设立百货、新华书店、购物超市、餐馆、女性专区、电影院线等区域，让顾客在消费的同时体验高雅的文化大餐，体验与平时不同的购物乐趣。这种全新的文化经营模式，提升了文化消费的品质和水平，同时满足了人民群众日益增长的文化需求。

另外，其他出版集团在运营模式上也不断创新和突破。例如，在新华书店设立儿童活动乐园、书吧等创意区域，增加营业收入，减少房租成本；主动与本地教育培训机构合作，在销售的图书上为培训机构做广告，获取广告费；与银行合作办卡，开展购书积分和打折等促销活动；为了吸引高端客户，用 VIP 客户专区为读者服务，用细微的服务打动客户，培养读者的忠诚度。这些有效的营销活动，都在一定程度上降低了出版集团的运营成本。

5. 出版集团应积极开拓海外市场实现跨国发展

我国的出版集团要为国家文化软实力的建设做出努力，采取“走出去”的战略思想，占领国际出版市场，增强我国社会主义意识形态对国际的影响和吸引力。20 世纪中期，美国的出版行业出现了 10 亿美元的资金短缺，这样给电影、广电、报刊等进入图书出版行业提供了机会，正是凭借传媒资本的巨大力量，国外的一些出版集团从家庭作坊成长为跨国集团。我国出版集团与国际同行业相比，还存在一定差距，这就要求出版集团要树立做大做强的战略思想，通过资本运作，利用市场、科技等不断发展的机会，在国际竞争中获得发展优势。

在经济全球化的进程中，我国各出版集团不但要做好国内市场，还要参与国际出版业的竞争，与国外出版集团进行多元化的合作，不断总结出版业的实践经验，开拓出版、广电、报刊等不同产业之间的合作共赢空间，实现跨地区、跨文化合作，争取做大做强，谋求更快、更大的跨越式发展。

经过20余年的发展，出版集团从组建成立到改制转企、再到股份制改制上市，完成了一系列蜕变，逐渐摸索出具有中国特色的管理控制模式。但是，由于经济、政治、文化环境等各方面的限制，以及改革具有的阶段性特征，出版集团在发展过程中仍然存在很多问题和困难。出版集团的行政化程度越来越高。我国文化体制改革于2004年全面启动，并要求全国出版社在2009年底全部完成转企改制工作。一方面，由于时间紧迫、多方面条件不成熟，当时的出版业采取了渐进的改革方式。尤其是出版集团在进行股份制改革时，很多环节都是采用“金蝉脱壳”的方式，集团将核心产业如出版、发行、印刷等优质资产注入股份公司，而集团留下了非核心资产甚至是亏损的资产。这导致了出版集团管控虚化、很难担当起管理责任、缺乏有效的管控措施、管控能力与产业发展不协调的局面。另一方面，国家派驻党政干部进行管理，出版集团根据管理者行政级别进行划分，这样的行政管理模式对出版业的进一步深化改革极为不利，会导致了出版业经营与市场规律相违背。由于改革的不彻底和意识形态的管控，出版集团的管理模式是行政化与市场化并存，出版业市场并没有形成真正的竞争环境，政府很难对出版业进行集中管理，也很难打造具有国际竞争实力的优质大型出版集团。

《中共中央关于深化文化体制改革推动社会主义文化大发展大繁荣若干重大问题的决定》提出，文化产业要坚持发展多层次、宽领域的对外文化交流格局，借鉴和吸收人类优秀文明成果，实施文化“走出去”战略，不断增强中华文化国际影响力，向世界展示我国改革开放的新形象和我国人民昂扬向上的精神风貌。该决定为我国出版业未来发展指明了方向，出版业也可以分层次、分领域发展。出版业政府管理制度改革创新应深刻领会该决定精神，对出版业采取分类管理。政府对出版业的管理，可以按照不同类型的产业加以区分，在市场准入、市场监督、出版审查等方面做出具体的规定。如，政府对与意识形态关联度最为密切的宣传性出版单位，应实行严格的审批制度和出版审查制度；对与意识形态关联度较强的服务性出版单位，可以通过法律法规制定较为严格的准入制度，由相关主管部门对其进行审批；对与意识形态关联度不大的经营性出版单位，对其进行普通的登记注册即可允许其进入市场。出版业实施政府分类管理，有利于政府对出版单位进行适度管理，有利于保障公民的出版自由。

第二节　媒体融合背景下出版业发展路径

政府的保护通常由政治上有影响力的行业获得，但保护一旦得到便会形成一个利益集团而很难消除，会产生更大的依赖而难以培养出国际竞争力。[1] 因此，在国家积极构建新闻出版市场准入制度保护主流媒体的机遇中，出版业应深入思考如何将政策红利转变为发展红利，从而为建设国际一流新型出版集团做出积极努力。

一、以社会效益为首要目标

政治属性是中国媒介本源性特征，喉舌论与意识形态宣传功能始终是中国媒介的主要论断与首要职能[2]，因此，出版业应明确以社会效益为首要发展目标。出版业必须以正面宣传和舆论监督为社会功能，将社会效益放在首位，坚持公益性定位，在政治上恪守党性原则，不断增强传播力、引导力、影响力和公信力，全心全意服务于人民大众。同时，由于出版业具有政治和经济的双重属性，在将社会效益放在优先地位的同时，也应当抓好经济效益，在市场发展中积极寻求社会效益和经济效益的平衡运行机制，以市场经济运行规则引导自身发展，在有效市场竞争环境中做到发展的稳定、持续、壮大，从而更好地肩负维护公共利益的社会责任。

二、满足公众精神需求

2020 年 9 月，中共中央办公厅、国务院办公厅印发《关于加快推进媒体深度融合发展的意见》，明确媒体深度融合发展的总体要求，

---

① 卫志民. 政府干预的理论与政府选择[M]. 北京：北京大学出版社，2006.

② 李继东，胡正荣. 中国政治意识形态与传媒改革：关系与影响[J]. 新闻大学，2013(4)：11.

要求深刻认识全媒体时代推进工作的重要性和紧迫性，坚持正确方向、一体发展、移动优先、科学布局、改革创新，推动传统媒体和新兴媒体加速融合，建立以内容建设为根本、先进技术为支撑、创新管理为保障的全媒体传播体系。这里强调，要建立“以内容建设为根本”的全媒体传播体系。任何国家、任何时间，内容都是媒体传播的基础，出版业必须立足于满足社会公众的精神文化需求，不仅要在内容本身加强建设，也应在形式上加强建设，才能担当起思想文化重地、党和国家喉舌的重要角色。

从内容本身来讲，出版业应当发挥记载、传承各项知识内容和信息的作用，承担人类传播文化、陶冶情操的重要责任，要确保推出研究深入、阐释到位、特色鲜明的优秀作品；要积极策划出版一批歌颂伟大祖国、歌颂中国共产党、歌颂中国特色社会主义、歌颂伟大中国人民的重头作品；要不断激发出版活力和创造力，推出更多优秀作品，不断丰富人民精神世界、增强人民精神力量；要始终保持内容定力，专注内容质量，扩大优质内容产能，提升内容传播效果。同时，主流媒体还应当注意依托比较优势进行差异化定位，注重专业优势和自身特殊资源优势以及媒体特质，形成资源集约、结构合理、差异发展、协同高效的内容生产体系。①

技术是信息传播的基础之一，也是发动机和加速器，能够为媒体生产优质内容提供服务。如今，智能化、数字化技术已经在重塑出版行业的生态，出版领域应当充分重视和加强新技术的研究和应用。

---

① 黄楚新，郭海威. 媒体融合纵深发展需要“四个新”[J]. 科技与出版，2019(5)：24.

因此，从形式上来讲，一方面，在话语表达方式上，对与意识形态关联度不高的出版产品，可以改变严肃生硬的文风，适当尝试活泼风趣的语言风格、叙述方法和修辞手法等，赋予出版产品更多的感染力，吸引受众的眼球，激发受众的阅读兴趣，强化受众的情感体验。另一方面，要抓住出版技术创新的契机，充分运用数字技术、网络技术、信息技术等多元化方式，创新出版产品表达形式，以社会公众喜闻乐见的方式生产多种类型的出版产品，以提升受众的参与度和阅读、服务体验。

三、构建融合发展体系

2014 年 2 月，国务院《关于推进文化创意和设计服务与相关产业融合发展的若干意见》（国发〔2014〕10 号）提出，要推动文化产品和服务的数字化、网络化进程，强化文化对信息产业的提升功能，加快培育双向深度融合的新型业态；深入实施国家文化科技创新工程，支持利用数字技术、互联网、软件等高新技术支撑文化的发展，加快文化企业技术改造步伐；大力推动传统文化单位发展互联网新媒体，推动传统媒体和新兴媒体融合发展；推进数字绿色印刷发展，推动新闻出版数字化转型和经营模式创新。

2015 年 3 月，国家新闻出版广播电影电视总局、财政部印发《关于推动传统出版和新兴出版融合发展的指导意见》（新广发〔2015〕32 号），明确要求立足传统出版，发挥内容优势，运用先进技术，走向网络空间，切实推动传统出版和新兴出版在内容、渠道、平台、经营、管理等方面深度融合，实现出版内容、技术应用、平台终端、人才队伍的共享融通，形成一体化的组织结构、传播体系和管理机制。力争用3至5年的时间，研发和应用一批新技术新产品新业态，确立一批示范单位、示范项目、示范基地（园区），打造一批形态多样、手段先进、市场竞争力强的新型出版机构，建设若干家具有强大实力和传播力公信力影响力的新型出版传媒集团。

2020年9月，中共中央办公厅、国务院办公厅印发《关于加快推进媒体深度融合发展的意见》指出，要以先进技术引领驱动融合发展，用好5G、大数据、云计算、物联网、区块链、人工智能等信息技术革命成果，加强新技术在新闻传播领域的前瞻性研究和应用，推动关键核心技术自主创新。要深化主流媒体体制机制改革，建立适应全媒体生产传播的一体化组织架构，构建新型采编流程，形成集约高效的内容生产体系和传播链条。

2021年3月31日，中国出版协会理事长、原新闻出版总署署长柳斌杰在“2021全国馆社高层论坛”上指出，智能化出版服务新业态，改变了出版服务的传统和方式。把知识开放、供给、服务与数字化、智能化的共享环境结合起来，发展新的出版业态和服务方式，是出版突围的方向。

2021年5月18日，《国家新闻出版署关于组织实施出版融合发展工程的通知》印发。该通知是从宏观政策层面推动传统出版与新兴出版融合、壮大网上出版主阵地、建设文化强国与出版强国的重要举措。

2021年12月28日，国家新闻出版署印发《出版业"十四五"时期发展规划》，明确深刻把握出版业发展新任务新要求、做强做优主题出版、打造新时代出版精品、壮大数字出版产业、促进印刷业提质增效等十一项规划部署。其中，在第四项"壮大数字出版产业"部署下专栏4"出版融合发展工程"中，分别列出重大出版融合发展项目、文化传承融合出版工程、数字出版内容精品工程、出版融合发展示范单位和大型数字出版平台建设等六项具体项目及工程，旨在发挥优质项目的模范带头作用，由点到面地实施出版融合发展工程。

党的十八大后，出版业在融合发展、提高质量等方面深入推进改革，巩固了改革开放的成果。尤其是在融合发展方面，创造了多媒体出版的新局面。目前，对出版业的融合发展体系构建，政府可以从出版集团的创新改革入手。一方面，出版集团要积极运用集团力量，实现内部融合，充分利用自身优势，在从事多元化经营的同时，打破出版、印刷、发行业务的边界。另一方面，政府可以适当放开出版业与传媒业之间的混业经营。随着现代信息技术、数字技术、网络技术等的发展，各级各类媒体在内容和媒体形态的变革上都取得了较大进展，传媒业的区别越来越小，突破了传统媒体的固有边界。因此，对大型出版集团，可以适当放宽业务范围，尝试涉足广播电视业务、网络业务、手机业务等，实现混业经营，以提高出版集团的业务实力，逐步向传媒集团转型升级，促进"走出去"战略的实施，增强国际竞争力。

四、积极探索转型升级

出版机构转型需要巨大且稳定的资本投入，仅靠自有资本很难持续支撑自身建设，必须积极引入资本。在引资过程中，出版机构应坚持控制资本、运用资本的原则，保证国家对出版机构的控制权力，使资本更好地为出版业服务。出版机构一定要把握好国有资本与非公有资本的平衡关系，保证国有资本对出版机构的控制权，积极引导非公有资本投资非核心业务，从而有效平衡转型升级与舆论安全之间的关系。

在引入资本过程中，出版机构可以依据自身发展情况，积极与第三方合作，搭建出版投融资服务平台，推动投融资活动的开展。在开展投融资服务的过程中，出版机构要积极引进相关专业人才，加强各种培训，与专业机构开展合作，建立科学的管理制度。在资金使用方面，出版机构应坚持先进的投融资理念，加强与金融机构的合作，发挥行业协会的力量，采取科学有效的方法对投融资服务进行考核。同时，出版机构要充分借助互联网的优势，运用先进的信息技术，积极探索建设新型投融资服务新模式。

五、媒体融合化、智能化背景下出版人才技能提升

在人工智能、云计算、物联网、大数据等新兴科技手段不断出现并广泛应用的背景下，媒体在采集信息、制作内容、接收受众等各个环节都发生了变化，这种变化形成了新的媒体生态。媒体不断融合、

界限被慢慢淡化，这为出版行业带来了新的发展机遇与挑战。出版人才居于出版行业的核心地位，必须要以前瞻性思维和过硬的职业技能适应时代的发展，从而更好地立足于智能化媒体时代。

（一）出版人才职业技能提升的必要性

1. 图书市场生态发展的需要

目前，图书市场较为混乱，需要出版人才不断转变思维方式、提升融合意识，对图书市场信息的传播，要进一步加强把关责任意识。一方面，图书市场蓬勃发展。另一方面，图书市场也出现了一些问题。第一，部分图书质量不过关，传播信息不实。个别出版单位和出版人才，在对图书进行编审时，把关不严，责任意识不够，导致图书信息失真，损害了读者的利益。第二，类似图书较多。图书市场在不断发展壮大的同时，出现了大量题材类似、内容雷同的图书，图书质量参差不齐、同质化现象较为严重。面对这些现象，出版人才要不断提升职业技能，以减少类似现象的发生。第三，优质图书较少。媒体智能化背景下，图书的信息传播速度加快，但是图书市场的结构不够合理，大多数图书选题较为传统，优质图书比较少，不能够满足大众对创新优质图书的需要。对此，出版人才要不断提升自身职业技能，多出优质书、畅销书、长销书。

2. 智能出版的需要

智能化背景下，媒体不断融合，边界慢慢淡化并逐渐消亡。对出版传媒的信息采集和制作，用户不再依赖于出版人才，甚至可以自行制作。对内容较好、质量较高的信息，广大信息平台会积极推荐，因此不需要出版人才也可以获得一定的用户。目前,信息平台利用大数据等新兴技术,可以针对用户喜好,精准地提供信息,因此,出版人才的任务也不再是筛选某一类或者一定范围内的信息,而是需要利用大数据和逻辑算法等为用户量身定制各类信息。

出版流程需要智能化。在人工智能、大数据等新兴技术的加持下,出版流程也将变革为智能选题策划、智能审校、智能排版、智能发行,最终达到融合化和智能化。选题策划和书稿审校是出版的核心环节,同样,智能选题策划和智能审校也是智能出版的核心环节,出版人才不仅要把握核心环节,还要进一步适应其他因素的智能化转变,从而适应智能出版的需要。

(二) 出版人才职业技能提升面临的挑战

1. 思维观念落后于融合化、智能化媒体时代发展

媒体融合化、智能化背景下,出版人才的职业技能面临着巨大挑战。首先是思维观念方面的挑战。目前,很多出版人才对数字化内容没有深刻的理解和认识,无法适应融合化、智能化背景下数字化内容的出版,也因此得不到广大读者的认可,不能满足图书市场的需要。出版人才缺乏前瞻性思维,互联网意识淡薄,处于被动态势,不能有效利用逻辑算法和大数据等新兴技术,缺乏人机协作思维。

2. 职业技能落后于融合化、智能化媒体时代发展

出版人才必须具备符合时代背景的新的职业技能和知识。出版人才应该加强体系认识,不断提高自身技能和职业素养。尤其是在

数字化技术方面，出版人才要全面加强学习，提高数字化意识，更好地应对智能出版的需要。但是，目前大多数出版人才已经习惯了传统出版行业的发展模式，很少主动寻求改变，其技能和知识已经落后于时代发展。很多出版人才都在埋案苦编，从事着大量的文字编审工作，也习惯了编辑职业的文字属性，甚至抗拒着新知识新技术，这对出版人才职业技能的提升造成了重大阻碍。

3. 竞争实力落后于融合化、智能化媒体时代发展

传统出版时代，出版的门槛比较高，虽然经历了市场化的改革，竞争压力增大，但是竞争也仅限于出版从业者之间，是出版行业内部的竞争。媒体融合化、智能化背景下，通过人工智能、云计算、物联网、大数据等新兴科技手段的普遍应用和广泛的媒介信息渠道，每一个用户都可能成为信息的制造者，用户的喜好、市场的喜好成为评判标准，而不仅仅限于出版行业内部准则。出版人才面临的竞争压力巨大，一方面要应对出版行业的内部竞争；另一方面，还要面临行业外部的竞争。因此，从传统出版行业一路走来的出版人才面对这一重大变革时，由于缺乏积极的准备而显得措手不及，在竞争中处于劣势地位，竞争实力远远落后于智能化媒体时代的发展。

（三）出版人才职业技能提升的策略

1. 与时代同步：转变思维观念，提高创新能力

融合化、智能化媒体时代，从事编辑工作的出版人才不能故步自封、闭门造车，应该不断加强学习、提高自身技能，紧跟时代发展的步伐。出版人才应该不断学习和了解新兴事物，洞察行业发展态势，不

断转变观念，开拓思维，进行创造性工作。出版人才应该跟随时代发展潮流，积极开发创新方案，开拓创新性思维和战略性思维，为出版行业的发展与创新提供新的思路、新的方法。出版人才只有树立创新意识，才能在工作中发展创新思维、找出创新方向。智能化媒体时代，传统的信息传播方式已经变革，人工智能、大数据的普及与应用，为出版行业的发展与创新，提供了新的方向。因此，出版人才应该在工作过程中，开拓思维，提高创新能力，利用智能化方式，寻求突破，不断满足广大读者的需求。

2. 与时代同步：更新职业知识，提升职业技能

融合化、智能化媒体时代，出版人才要紧紧跟上智媒发展趋势，在扎根自身研究方向和所在领域的同时，还要不断学习最新的科学技术，更新职业知识，提高工作技能，逐步向数字出版方向转型，以适应智能出版的需要。当前，国家通过设立出版基金等方式，大力扶持数字出版项目，各地出版社陆续成立数字出版部门，以自身的资源和优势不断进行数字化出版的探索。在此背景下，出版人才应该抓住时机，加强与科学技术人员的沟通，积极向科技人员学习新媒体相关技术，了解科学技术的发展状况，将自身的职业技能与最新的科技知识相结合，为传统图书提供多样化内容，实现文字、音频、视频的有机结合，提升图书及相关产品的质量，提升职业技能。同时，出版人才要发挥团队合作精神，团队成员之间要加强沟通与交流，将自己掌握的新知识新技术与团队成员分享并运用于日常工作中，从而适应智能出版的需要，推动出版行业在融合化、智能化媒体时代的发展。

3. 与时代同步：提升融合意识，提高职业素养

融合化、智能化媒体时代，媒介融合日趋明显，出版人才需要深入多个领域，借鉴多方面知识，实现多方面融合和全面发展，不断提高自身职业技能和业务水平，提高职业素养，是自己成为多领域交叉融合的复合型人才，以适应智能化媒体时代发展的需要。

首先，出版人才应具有信息筛选和判断能力。出版人才进行选题策划的主要依据是信息。融合化、智能化媒体时代，各种信息数据呈现爆炸式的增长，信息传播途径丰富，信息来源多样化，出版人才面对海量信息，必须具有鉴别、筛选和判断的能力，这样才能保证选题的时效性。如果出版人才仅仅满足于埋头苦编，不闻世事，必然导致信息闭塞，后续工作将难以顺利开展。因此，出版人才在面对纷繁复杂的信息时，应该进行有效的筛选和合理的判断，从中挑选出真实的、有效的信息，从而为日后工作奠定良好的基础。

在信息的筛选和判断上，主要包括三个方面的内容。一是整合信息，即将从各个途径获得的信息整合起来，为日后顺利开展工作打好基础。二是归纳信息，即通过将信息进行归纳整理，能够筛选出关键性信息，为日后顺利开展工作节约时间。三是辨别信息，即准确地判断信息的可利用价值，以提高日后工作质量、提升工作效率。这三方面要求，进一步强化了出版人才应将信息进行整理归纳，并进行辨别筛选，凝练出核心信息和高价值信息，有利于提高出版人才的职业判断能力。媒体智能化背景下，出版人才应该运用职业判断能力，为广大读者删选出关键信息和有积极意义的信息。因此，出版人才要

不断提升自身职业素质，深入了解信息的关联性，强化对信息的判断能力，以满足大众的需求。

其次，出版人才应具有“互联网＋”的思维。媒体融合化、智能化背景下，互联网行业迅速发展，全面融入人们生活的各个角落。因此，“互联网＋”的思维对开展工作具有举足轻重的地位。出版人才应紧跟时代发展趋势、顺应时代发展要求，将“互联网＋”的思维方式运用到日常工作中，通过熟练应用互联网技术，深入了解新兴媒体、智能媒体，不断吸收新鲜文化、新鲜科学知识，充分运用新知识新技术，服务于出版行业的智能发展。

再次，出版人才应具有较高的把关素质。媒体融合化、智能化背景下，互联网普及，媒体融合，信息传播的方式越来越便捷，媒体传播的门槛越来越低，在信息的海洋里充斥着大量虚假信息、劣质信息。因此，出版人才应该不断提升个人职业敏感性，加强对信息的把关，保证信息传播的准确性和高质量。第一，出版人才要强化对政治的把关素质。出版人才必须政治立场鲜明、政治思想坚定，必须坚定的拥护先进思想文化，从根本上保证高质量和准确性的信息传播，把握正确舆论导向，唱响主旋律，壮大正能量。第二，出版人才要拥有较高的业务把关素质。在出版工作流程中，出版人才要对各个方面的工作进行业务把关，如选题、排版、审稿、发行等，这对出版人才的专业技能提出了很高的要求。出版人才必须提高对文本的处理能力，有效挖掘高价值信息，通过自身知识储备，提升出版产品的质量。出版人才需要不断提升自身的职业技能水平，更好地进行选题策划、编审书稿、图书宣传工作，不断提升出版产品的吸引力，出版更多读者喜爱的产品，从而提高出版产品的市场竞争力和受众满意度。因此，出版人才需要不断加强学习，提高自身的综合把关素质，才能不断满足受众的需求，适应智能时代的发展。

第三节　数字出版政府管理制度发展路径

一、数字出版政府管理制度选择路径

近年来，政府陆续出台鼓励加快数字出版发展的相关政策。2010 年 8 月，新闻出版总署发布《关于加快我国数字出版产业发展的若干意见》(新出政发〔2010〕7 号)，提出要以数字化带动出版业现代化、形成一批数字出版龙头企业、形成具有国际影响力的数字出版产品和品牌，并把数字出版产业打造成出版业的支柱产业。

2014 年 4 月，国家新闻出版广播电影电视总局、财政部发布《关于推动新闻出版业数字化转型升级的指导意见》(新广出发〔2014〕52 号)，提出通过三年时间，支持一批新闻出版企业、实施一批转型升级项目，带动和加快新闻出版业整体转型升级步伐；基本完成优质、有效内容的高度聚合，盘活出版资源；再造数字出版流程、丰富产品表现形式提升新闻出版企业的技术应用水平；实现行业信息数据共享，构建数字出版产业链，初步建立起一整套数字化内容生产、传播、服

务的标准体系和规范;促进新闻出版业建立全新的服务模式,实现经营模式和服务方式的有效转变。

2016 年 3 月,《中华人民共和国国民经济和社会发展第十三个五年规划纲要》提出,要牢牢把握信息技术变革趋势,实施网络强国战略,加快建设数字中国,推动信息技术与经济社会发展深度融合,加快推动信息经济发展壮大;发展现代互联网产业体系,实施“互联网+”行动计划,促进互联网深度广泛应用,带动生产模式和组织方式变革,形成网络化、智能化、服务化、协同化的产业发展新形态;夯实互联网应用基础,加快多领域互联网融合发展,推动互联网医疗、互联网教育、线上线下结合等新兴业态快速发展。

2021 年 12 月 28 日,国家新闻出版署印发《出版业“十四五”时期发展规划》,明确提出十一项规划部署。其中,第四项“壮大数字出版产业”部署明确了“数字化战略”这一核心,强调新一代信息技术在出版融合中的“支撑引领作用”,提出了创新出版业态、传播方式与运营模式的任务目标。在“壮大数字出版产业”部署之下,涵盖四个细分任务,分别为:着力推出一批数字出版精品,大力发展数字出版业态,做大做强新型数字出版企业,健全完善数字出版科技创新体系。这些细分任务为数字出版的发展指明了方向。除此之外,在《出版业“十四五”时期发展规划》专栏 4“出版融合发展工程”中,还分别列出了“数字出版内容精品工程”等六个具体项目及工程,旨在发挥优质项目的模范带头作用。

二、数字出版发展成就和问题

随着全球信息技术的发展，出版业运用网络科技、数字科技、信息科技等方面的最新技术，展开了一场技术创新的激烈竞争。我国与世界出版强国在传统出版领域有较大差距，但是在数字出版领域的差距并不大。数字出版将成为我国出版业赶超世界出版强国、实现战略性调整的希望，对建设社会主义文化强国、实现出版业顺利“走出去”，并在世界出版业竞争中胜出至关重要。

近年来，我国出版的图书和期刊，基本全部实现数字化加工。根据《2020—2021 年中国数字出版年度发展报告》显示，2020 年，我国数字出版产业面对突发的新型冠状病毒肺炎疫情，逆市上扬，保持了良好的发展势头。

2020 年，数字出版产业整体收入规模超过万亿元，达到 11 781.67 亿元，比 2019 年增长 19.23%。其中，传统书报刊数字化收入增幅上扬，互联网期刊、电子图书、数字报纸的总收入为 94.03 亿元，相较于 2019 年的 89.08 亿元，增幅为 5.56%，高于 2019 年 4% 的增长幅度，更高于 2018 年 3.6% 的增长幅度；新兴板块继续保持良好发展势头，在线教育收入规模为 2 573 亿元，网络动漫收入规模为 238.7 亿元，从数据上来看，两者均实现了大幅度增长。受疫情影响，催生“宅经济”，在线教育、网络动漫等数字内容消费市场得以培育，奠定了产业快速发展的基础。①

根据中研普华研究院《2022—2027年中国数字出版市场投资机会及企业IPO上市环境综合评估报告》，目前我国的数字阅读用户规模超过5个亿，无论是从用户规模，还是从产品或者说从内容质量方面，我国都居于世界前列。

我国数字出版业虽然已经取得较大成就，但是在发展过程中也存在很多制约因素。

第一，数字出版业对传统出版模式有较大的路径依赖。数字出版业依然沿用传统管理体制模式和运行机制，只是简单地将现有出版资源进行数字化转换，数字出版体制尚未得到完善，盈利模式没有建立。由于政策的滞后和管理手段的缺乏，政府在处理数字出版中不断出现的问题和矛盾时并不尽如人意。政府对数字出版在程序上管理较为严格，严重束缚了数字出版的发展。面对新业态，政府在管理上毫无经验可谈，需要花费巨大的人力成本、时间成本和技术成本，即便如此，对数字出版中出现新问题时的处理仍然无法做到面面俱到。

第二，我国尚未建立完善的数字出版版权保护机制。互联网技术的飞速发展，一方面为传统出版向数字出版的转型提供了技术支持，另一方面对版权的保护也造成了巨大的挑战。数字出版中的著作权是无形的，数字出版产品传播成本低，传播也没有地域特征和时

① 中国数字出版产业年度报告课题组. 2020—2021年中国数字出版年度发展报告（摘要）："十三五"收官之年的中国数字出版[J]. 出版发行研究，2021(11)：35.

间差，甚至在传统出版中充当“守门人”角色的“书号”“刊号”在数字出版中都可能缺失。因此，在数字出版中侵权之猖獗、维权之艰难，可想而知。对版权保护问题的理解，并不是将版权完全保护起来禁止他人使用，而是要找到合理有效的保护方法和防范侵权措施，正确地使用版权。

目前，数字出版版权保护面临的问题有：数字出版平台未经原创作者的许可授权，擅自将原创作者尚未正式发表的作品进行发布和传播；数字出版平台未经原创作者的许可授权，擅自将数字产品篡改后进行发布和传播；数字出版平台未经原创作者的许可授权，擅自将传统出版产品的内容转化为数字产品，复制以后并进行发布和传播。

由于我国的著作权法中缺少对数字版权保护的具体条文，如没有明确版权登记的效力、收费标准、转让程序等，导致在市场运行中缺乏有效保护数字版权的法律法规，缺少数字版权的法律保护机制和惩治机制，因此，数字版权维权受到严重阻碍。数字出版领域侵权现象较为普遍，相关案件取证难、认定难、维权难。因此，我国数字出版相关法律法规亟待完善，以利于数字出版版权保护。

第三，数字出版标准化建设滞后。我国已经制定了一些数字出版标准，如 2019 年发布的《音像与数字出版标准体系表》（T/CADPA 1—2019），2020 年发布的《盲用数字出版格式》（GB/T 38640—2020）等。但是，尚未形成科学、完整的数字出版标准体系。

三、数字出版政府管理制度创新

与传统出版一样，数字出版仍以内容为主，因此，政府在对数字出版进行管理时，应该将内容审查作为工作的重要部分，引导创建多方参与的内容监控平台。

首先，政府可以通过法律法规、制度条例的形式，赋予数字出版平台内容审查、版权查询等自我审查的权力，并制定详细的著作权方面的规定，如内容抄袭的比例、重合率比例等，由数字出版平台审查、执行，政府管理部门进行数据监控。政府管理部门对存在违规情况的数字出版物，可以采取措施限制相关平台进行产品开发和上架等。同时，由于数字出版涉及内容管理和信息技术管理等多个部门，政府应畅通部门之间的沟通渠道，积极创建独立的、不受制于其他行政管理部门的数字监控平台，避免行政部门之间权力交叉和利益冲突等。

其次，针对数字出版内容，政府应构建完善的管理机制。

第一，在出版管理部门设立第一道审查程序。政府可以在出版管理部门单独设立数字出版内容管理科室，重点对数字出版产品的内容进行监督管理。利用先进的信息技术和后台数据，及时过滤不符合出版规范的数字出版产品，对不符合出版规定的数字出版产品，平台依法给予警告、撤销等。

第二，将互联网信息管理部门作为第二道审查程序。该审查职能主要由网络警察行使。网络警察对数字出版产品进行全面监管，一旦发现违法行为，立刻切断传播渠道，阻止违法内容被进一步传播，将不良影响降到最低限度。

第三，广大消费者作为数字出版产品的受众，政府可将其作为第三道审查程序主体。一方面,政府可以在文化大发展的契机之下,积极培养消费者的先进文化理念,培育消费者良好的阅读习惯,满足消费者的精神文化需求,使消费者主动承担为社会文化传播创造良好氛围的社会责任。另一方面,政府可以利用数字出版平台的优势,建立数字版权授权通道,建立权威合法的数字版权内容平台。数字出版平台获得权威数字版权内容平台的授权后方可经营,并开通维权通道,便于作者和读者快速维权。

再次,政府应积极研发内容监管技术。政府应建立敏感词库,并对词库进行及时更新,积极与数字出版产品对接,大力革新信息技术,有针对性地对数字出版内容进行监督管理。

同时,政府在对数字出版的实际管理过程中,仍应继续借鉴和运用传统出版管理相关政策。

第一,政府应构建数字出版法治体系,以法治思维、法治价值引领数字出版行政管理。政府应加快版权法的制定,加快出台数字版权相关法律法规,将数字出版版权问题上升到国家层面进行指导解决,在法律层面对数字版权进行认证和管理。利用法律法规的形式对数字出版版权进行保护和调适,将有利于数字出版版权的维护,有利于数字出版的健康、有序发展。

第二,区块链技术的运用使数字出版产业链中增加新的社会分工,需要国家之间及时对接,进行灵活管理。

第三,政府对数字出版平台应实行严格的准入制度,对出版内容质量进行严格把控。对数字出版产品和机构,应实行多种多样的激励机制和惩戒机制，鼓励数字出版机构多出优秀作品，严厉打击违背社会主义核心价值观、违反社会准则、不利于社会和谐稳定、破坏社会良好秩序的违法产品。同时，要对数字出版产业实行灵活的退出机制，以增强数字出版产品的竞争力，提高数字出版业的国际竞争力。

第七章　出版业政府管理制度改革展望

第一节　出版业政府管理制度改革方向和原则

一、出版业政府管理制度改革方向

2013年，时任新闻出版总署署长柳斌杰指出，在出版业改革的过程中，经营性文化单位在转企改制方面取得了实质性成果，出版、发行领域率先完成转企改制，并对出版业改革指明三个方向，即：形成开放统一、有序竞争的出版市场，建成国家级数字平台，引导民营企业参与出版业发展、参与文化建设。[①]

2021 年 12 月 28 日，国家新闻出版署印发《出版业“十四五”时期发展规划》明确提出，到“十四五”时期末，出版业应努力完成六大目标，即：服务大局的能力水平达到新高度；满足人民学习阅读需求实现新提升；行业繁荣发展取得新突破；产业数字化水平迈上新台阶；出版“走出去”取得新成效；行业治理效能得到新提高。根据这六大目标，可以归纳出版业未来一段时期改革的两个方向。第一个方向，深入推进出版业供给侧结构性改革，转变发展方式，优化出版品种、结构、布局，建设现代出版体系。第二个方向，进一步健全党领导下的出版体制机制，完善出版领域法规制度体系，增强应对防范出版领域意识形态风险的能力，提升出版业数据共享、开发、应用和网络安全水平，形成统一开放、竞争有序的出版物市场体系，市场环境持续改善，行业生态不断优化。

二、出版业政府管理制度改革原则

我国出版业政府管理制度要从多方面进行改革，包括出版业的宣传导向问题、文化传承和发展、出版产业壮大等。在改革出版业政府管理制度的过程中，应充分结合我国国情，并借鉴其他国家的经验教训，在坚持党的全面领导、坚持以人民为中心、坚持新发展理念、坚持质量第一、坚持把社会效益放在首位、坚持统筹兼顾六个基本原则的基础上，遵循以下四项改革原则。

---

① 专访全国人大代表、新闻出版总署署长柳斌杰[N]. 新华网，2013-03-04.

（一）循序渐进

任何一个国家、一项改革都不是一蹴而就的，都必须要经历长期曲折的过程。出版业的改革和完善，关乎我国人民的意识形态统一，关乎先进文化和民族文化的传播，关乎人民文化素养和道德水平的提高，关乎人民高尚的情操的培养，关乎人民的民族认同感的提升，关乎我国社会的稳定、有序，关乎我国的国家安全。因此，对出版业政府管理制度，尽管目前我国较为严格，亟待改革和完善，但是，决不能草率放松，不成熟的放松管理甚至会影响我国的社会稳定和国家安全。党和政府应在充分调研的基础上，综合考虑意识形态领域安全、宏观经济发展、出版体系健全、出版市场有序竞争等多方面因素，因此，出版业政府管理制度改革必须坚持适度性、渐进性和有序性。

（二）公开合法

出版业政府管理必须具有公信力，才能得到市场主体、客体等参与者的信任，才能维护党和政府的权力和威严，才能使出版市场稳定、健康、有序地发展。出版业政府管理的公开合法包括两方面的内容：一方面，出版业政府管理要做到政务公开、透明，要在政府网络平台等实现信息公开、过程公开和结果公开，使出版市场主体能够在公开的环境中实现公平竞争；另一方面，出版业政府管理要严格依据法律程序，依法行使行政管理职能，在权力行使过程中做到有法可依、有法必依、违法必严、违法必究。

（三）分类管理

计划管理体制下，我国出版业政府管理存在管办不分、政事不分、政企不分、政资不分的问题。改革开放以后，我国政府在出版业的管理方面进行了改革创新，对出版业的经营活动进行了适当分类，再次开始重视出版业的经济属性，但是，计划经济机制和市场机制各自为政，各自发挥基本的生产要素配置功能。出版集团经过 20 余年的发展，从组建成立到改制转企、再到股份制改制上市，完成了一系列蜕变，逐渐摸索出具有中国特色的管理控制模式。但是，由于改革的不彻底和意识形态的管控，出版集团的管理模式是行政化与市场化并存，出版业市场并没有形成真正的竞争环境，大多数出版集团是按照行政区划和行政部门分管进行组建的，每一个出版集团在其地域范围内和行政部门内都具有垄断性，他们掌握着绝对的市场资源，在市场竞争中占据绝对优势，政府很难对出版业进行集中管理，也很难打造具有国际竞争实力的优质大型出版集团。出版业可以借鉴其他国家的经验，并结合我国国情，将出版机构按照与意识形态的关联度进行分类和区分管理，这将有利于政府对出版单位进行适度管理，有利于保障公民的出版自由。

(四) 市场规律

出版业政府管理应当在意识形态统一的前提下，遵循经济规律，满足市场发展要求，充分发挥市场的作用，利用市场主体的自律机制和民间行业协会的辅助管理作用。第一，政府对管理过程中遇到的问题，能通过市场机制解决的，应遵循市场规律，让出版业在市场运行中自行解决。第二，对单一运用市场机制不好解决的，但通过行业自律可以辅助解决的，可以适当发挥政府的行政管理作用，使市场与政府有机结合,通过二者之间的有效协调去解决。第三,对市场机制和行业自律均不能解决的问题,政府必须发挥自身严格的审批和监督管理作用,运用硬性手段进行处理。

第二节　出版业政府管理制度展望

出版业是党的思想战线工作的重要阵地,是党的意识形态工作的重要阵地,是我国先进文化的载体,为广大人民群众创造精神文化财富,在经济、文化、政治等各方面发挥重大作用、产生重要影响。党中央对出版改革高瞻远瞩,人民群众对出版改革热切期盼,我国出版业要实现健康、科学、稳定发展,必须构建新的格局。

出版业政府管理的目标应是让政府、市场和企业在出版业发展中各司其职、各负其责,因此,我国出版业政府管理制度创新可以从科学管理模式构建、市场准入制度改革、出版产品审查方式转变等几个方面着手。

一、出版业政府管理模式创新

目前,我国出版业的管理主体主要表现为中宣部领导下的四个层级。第一个层级是中共中央宣传部,第二个层级是国家新闻出版署,这两个层级是出版业管理的主要层级。第三个层级是国家相关职能部门,第四个层级是出版单位的主办单位和主管单位,这两个层级对一、二层级的管理起到辅助和补充的作用。

当前我国出版业政府管理模式存在的问题是多方面的。第一，出版业政府管理职能缺位。政府职能的转变明显落后于市场经济体制的变革和市场经济的发展，导致出版传播内容庸俗，不能满足人民大众的精神文化需要；出版导向错误，不能有效制止非法出版行为，严重损害作者和读者的合法权益等。第二，出版业政府管理能力不足，不能有效解决地区分割、垄断经营以及竞争不充分和不公平的问题，整个出版业形成行业垄断现象；出版效率低下，政府管理对出版负外部效应不能做到有效抑制或消除；出版产品质量低下，出版服务也不到位。第三，出版业政府管理过度。政府在出版行为的各个环节都实行严格的准入管理，对出版领域的创业、投资等方面限制太多，形成了权力租金，导致了寻租活动的泛滥，经济成本加大，经济效益降低。第四，出版业政府管理成本高、效率低。出版业政府管理虽然在一定程度上实现了弥补市场失灵的目的，但是，政府管理的成本过高、效率较低。第五，出版业准入制度过于严格，阻碍了潜在竞争者参与市场竞争，也使出版业内部得不到充分竞争，不能有效发挥市场的资源配置作用，出版工作效率得不到有效提高。

因此，出版业政府管理模式创新可以从以下三个方面考虑。第一，党委宣传部减少直接管理。从南京政府设立国民党宣传部和出版业专门管理部门开始，我国政府对出版业的管理就是双重模式，政府已经习惯并依赖于这种管理模式。同时，在我国当前的政治背景之下，完全摆脱这种管理模式也是不现实、不合理的。因此，党和政府在维持这种管理模式的基础上可以进行适当改进。党委宣传部主要负责制定出版业发展方针政策，并用法律法规的形式加以固化，逐步减少对出版活动的直接干预。第二，建立新型出版业管理机构。随着科学技术的发展，图书出版、报刊出版、音像出版、网络出版、手机出版等出版形态越来越多元化，仅仅依靠国家新闻出版署进行管理显然力不从心。因此，政府可以将出版业管理、广播电视管理、网络管理等进行统一，构建新型的传媒管理体系，以改变目前多头管理的状况。第三，政府应重视行业协会在行业管理上发挥的作用，充分激发行业协会的自律性和自觉性，转变政府职能，把工作重点放在宏观调控、完善法律体系、建设市场制度上，逐步下放权力，从而建立科学、合理、健康的市场经济体制。

二、出版业法律体系完善

目前，我国出版业法律管理体系主要以一部法律《中华人民共和国著作权法》，以及五部条例《出版管理条例》《音像制品管理条例》《中华人民共和国著作权法实施条例》《印刷业管理条例》《计算机软件保护条例》和各项行政法规如《图书出版管理规定》《报纸出版管理规定》等构成。

出版业政府管理制度必须适应社会主义法治建设的要求，政府应根据出版业发展现实的需要，制定不同效力等级的出版法律法规，构建完善的出版法治体系。我国尚无专门的出版法，出版业立法层级过低，已不能适应出版业发展的需要。

出版业可以根据法律法规的等级，按照四个层级的模式完善出版业法治体系。第一层级宪法，是最高层级，是下位法的立法依据。《中华人民共和国宪法》是我国的根本大法，是规范出版业法治建设的原则性法律依据。《中华人民共和国宪法》第三十五条对我国公民享有的言论、出版自由做了明确规定。第二层级部门法，包括专门的出版法、《中华人民共和国著作权法》，以及《中华人民共和国民法通则》中关于名誉权及相关权利的规定，《中华人民共和国刑法》《中华人民共和国广告法》《中华人民共和国未成年人保护法》等法律中关于出版的相关法律规定。我国应积极推进出版法的制定和出台，尽快完善出版业法治体系。第三层级行政法规，主要有《出版管理条例》《中华人民共和国著作权法实施条例》《音像制品管理条例》等。这些行政条例对出版活动起到具体的指导作用，包括规定出版业的管理制度、界定违法出版行为等，对出版业的发展起到极其重要的作用。第四层级地方性法规，主要辅助地方政府对出版业进行管理，是上述三层法律法规的有益补充，在出版管理实践中具有很强的可操作性。

三、出版业市场准入制度创新

出版行业不同于一般经济行业，除了具有经济属性以外，还具有意识形态属性，这是出版业的特殊性。因此，我国政府一直以来非常重视出版业的意识形态属性，对出版业实行严格的市场准入管理，出版社必须要在国家法律法规的许可范围内才被允许设立。同时，我国政府除严格按照有关法律和各项规定的要求，对出版机构进行审核批准之外，还要考虑多方面的因素，如全国出版社的总数、整体出版结构、出版规划布局等。但是，严格的准入管理，对我国出版业的发展造成了一定的不利影响，阻碍了潜在竞争者参与出版市场竞争，也使出版业内部不能得到充分竞争，不能够充分发挥市场的资源配置作用，出版工作效率得不到有效提高。严格的准入管理，使市场的调节作用不能得到有效发挥，限制了出版业的健康发展。党和政府应当重视出版业的产业属性，适当放松对出版业市场准入的干预，依据出版机构与意识形态的关联度适当放松出版业的准入管理，对出版业市场准入管理积极地进行创新，从而让更多的出版主体参与市场竞争，激发市场活力，进而打破出版业行政垄断，开创出版市场新局面。

（一）创新机构准入

政府可以依据出版机构与意识形态的关联度灵活调整出版业市场准入的严格程度。第一，对与意识形态高度关联的宣传导向型出版单位，为了确保意识形态的统一，必须要有符合国务院出版行政主管部门认定的主办单位及其主管机关，并且其审批设立应当符合国家关于出版单位总量、结构、布局的规划。第二，对与意识形态关联度较强的社会服务型出版单位，其市场准入可以取消主办单位和主管单位制度，也不必实行总量、结构、布局的规划限制，可通过法律法规制定较严格的市场准入条件，并由出版主管单位进行审查。第三，对与意识形态关联度不大的商业经营型出版单位，符合一般企业的准入要求即可，按照相关程序规定完成登记注册即可进入市场、参与市场竞争。

（二）创新业务准入

目前，我国出版业各环节之间实行分工经营，即使是集众多业务于一身的出版集团，其内部也是分工明确，出版、印刷、发行各环节互不干涉，这实际上仍然沿袭了计划经济体制，市场竞争力缺失，难以发展成为国际大型出版集团。

出版业业务准入创新可以分为两个方面：一方面，出版集团要充分利用自身优势，在从事多元化经营的同时，打破出版、印刷、发行业务的边界，运用集团力量，实现内部融合。另一方面，政府在未来时机成熟时，适当放开传媒业之间的混业经营。随着现代信息技术、数字技术的发展，传媒业趋于融合发展，因此，对大型传媒集团，可以适当放宽其业务范围，允许其涉足广播电视业务、网络业务、手机业务等，允许其混业经营，以提高传媒集团的业务实力，促进“走出去”战略的实施，增强国际竞争力。

（三）创新人员准入

我国对出版从业人员实施严格的准入制度。出版从业人员应当具备从事新闻出版工作的基本业务能力，遵守新闻出版职业道德规范，了解国家有关出版的法律法规等。《出版管理条例》《报纸出版管理规定》《期刊出版管理规定》《新闻出版行业领导岗位持证上岗实施办法》《出版专业技术人员职业资格管理暂行规定》《关于报刊社社长总编辑（主编）任职条件的暂行规定》等法规、规章，对出版业从业人员所应达到的要求做了详细规定。

为了确保意识形态的统一,我国严格限制出版从业人员,这是无可厚非的。但是,如果这种严格限制的从业人员准入制度不加以区别,必然不利于我国出版业的发展。政府可以根据出版业与意识形态的关联度来实施对出版从业人员的准入管理。一方面,在业务要求上,所有类别的出版从业人员都应该保持一致,以维护意识形态的统一,保证出版产品的质量。另一方面,在政治素养要求上,对与意识形态高度关联的宣传导向型出版单位,为了确保意识形态的统一,其主管人员必须具备较高的政治素养;对与意识形态关联度并不太强的社会服务型出版单位和商业经营型出版单位,其主管人员应当具备较高的企业管理素质及一定的政治素养即可。

四、出版产品审查方式创新

(一) 传统审查方式

政府颁布了《出版管理条例》《图书质量保障体系》等一系列法律法规,建立了较为完善的出版产品审查制度。我国的图书出版实行前期、中期与后期质量保障机制。前期保障包括按专业分工出书、加强选题策划、坚持选题论证等。中期保障包括严格执行三审制度、责任编辑制度、责任校对制度、印刷质量标准和委托书制度、图书书名页使用标准,以及坚持中国标准书号和图书条码使用标准等。后期保障包括坚持图书成批装订前的样书检查制度、出书后的评审制度、图书征订广告审核制度、图书样书缴送制度、图书再版重印前审读制度、稿件及图书质量资料归档制度，以及出版社与作者和读者联系制度等。由此可见，我国对出版产品的审查之严。这种严格的审查制度，不仅增加了经营成本，降低了生产效率，还在一定程度上限制了产品的创新。

我国所处的政治背景和实行的政治体制，要求党和政府必须牢牢把握舆论导向，保证人民大众的意识形态统一，因此，不可能取消出版审查制度。但是，党和政府对出版审查制度可以适当放松，以利于出版业的持续、健康发展，利于出版业国际竞争力的提升。政府对出版产品的审查制度创新，依然可以根据出版产品的类别，即根据出版产品与意识形态的关联度来实施。第一，对与意识形态高度关联的宣传导向型出版产品，为了确保意识形态的统一，必须实施严格的出版物审查制度。第二，对社会服务型出版产品应当根据类别进行细化区分。以教材为例，对与意识形态高度关联的思想政治类教材，必须实施严格的出版物审查制度；对除思想政治类教材以外的其他人文社科类教材，由于其与意识形态有较强关联度，也应该实施出版物审查制度，但是前期质量保障机制可以适当放松；对与意识形态关联度不太高的理工科教材，其前期质量保障机制和后期质量保障机制均可适当放松。第三，对商业型的出版产品，由于其与意识形态关联度不大，仅实行后期质量保障机制即可。

（二）创新出版阅评制度

近年来，为进一步提高出版质量，出版业在上述审查制度的基础上，提出并实施了出版阅评制度，这是出版产品审查方式的一大创新。在出版实践中，出版阅评制度主要应用于图书出版以后，是对图书内容质量的审核、反馈和监督手段，有助于出版业进一步发挥导向作用、规范出版流程、提升出版人才素养、推出更多的精品图书，从而促进人民群众文化水平的提升，助推社会主义文化建设。但是，关于出版阅评制度的概念、内涵和外延，出版界一直没有定论，政府对出版阅评制度没有官方解读，出版阅评制度的有效实施没有依据可循，只能凭借各出版单位在实践中摸索。

对出版阅评制度，可以按照图书出版环节运用不同视角、不同主体、不同渠道分级实施，包括出书前的选题项目阅评、编校过程中的专家阅评，以及出书后的主管部门、行业专家、大众媒体、普通受众的阅评。第一，出书前的选题项目阅评。对与意识形态高度关联的重大选题、重大出版项目、专项选题，出版社应组织行业专家进行选题项目的阅评，以便及时发现选题项目中内容导向上的问题，及时纠偏。对年度选题，出版社也应组织选题阅评，以从整体上把握出版方向和出版趋势。第二，编校过程中的专家阅评。对重点图书、专项图书，以及中小学教科书等影响力较大的图书、辐射面较广的图书，在完成三审三校工作后，出版社应组织行业专家、相关领域专家对书稿进行阅评，并将个人阅评与集体阅评相结合，把握好书稿的政治导向关、内容质量关、学术专业关，吸收各方阅评意见，修改和完善书稿内容，对书稿进行不断打磨、持续优化，从而促进出版社不断推出优秀图书、精品图书。第三，图书出版后的广泛阅评。图书出版以后，阅评工作涉及主管部门、行业专家、大众媒体、普通受众等各个层级。

出版主管部门应明确主管责任，掌握行业动态，加强导向管理。出版主管部门在严格落实主管责任的同时，应鼓励和支持行业协会进行阅评，有效发挥行业组织的作用，促进出版行业健康发展。出版单位应履行好领导责任，将责任层层落实，在出版单位内部形成良好的阅评机制，提升出版从业人员的职业素养，保障出版产品高质量发展。出版单位应开通各种渠道与读者保持密切联系，比如开通读者邮箱、认真处理读者来信来电、在官方网站开通读者服务平台等，定期对读者反映的问题进行讨论，广泛了解读者的需求，及时将读者的意见反馈到责任编辑和作者处，从而使出版业更好地为人民群众服务、满足人民群众的精神文化需求。同时，出版单位还应借助大众媒体的力量，开展大众媒体的阅评活动，以更好地发挥大众媒体的宣传力量和传播力量。

五、出版业市场管理手段创新

改革开放以来，我国出版业体制已经实现重大变革，出版业政府管理职能得到转变，出版业法律法规体系已初步建立。但是，出版业对原来的计划经济体制依然存在相当程度的依赖，出版业政府管理机构应当充分尊重出版机构的主体地位，使其拥有充分的自主权，应当积极构建出版业市场竞争机制，以维护消费者的正当权益。

（一）改革书号管理制度

自 2009 年 4 月起，我国所有出版单位的书号全部实行网上实名申领制度。书号实名申领的原则是属地管理和谁主管谁负责。该原则强调并明确了出版单位主管部门和主办单位的管理责任。

实施书号实名申领制有利于国家出版管理部门对出版业发展的宏观调控，更有利于合理调配书号资源、有利于出版资源的整合。当政府将书号视为资源进行管理时，书号在一定程度上就成为可供交易的特殊商品，一定程度上扰乱出版市场秩序。政府要从根本上提升出版质量，应让更多优秀的出版产品参与市场竞争，这是由优胜劣汰的法则所决定的。

（二）完善价格管理制度

出版产品的价格是出版业经济发展的核心问题，出版物价格体系是一个复杂的系统工程，要依据出版业发展的实际情况，也要综合平衡多方利益。我国出版业的定价原则是“保本＋微利”，但是政府对出版产品的价格管理仍然较为严格，出版经营主体对出版产品的定价权受到多方限制，出版产品并不能像其他商品一样按照市场竞争规律实行优质优价、弹性定价。

政府在出版产品价格管理方面应进行一些创新，尽快完善出版物价格体系，形成一定的弹性机制，在规范出版市场的同时，使市场充分发挥调节作用，使出版主体对出版产品的定价享有一定的自主权。政府可以根据出版产品的类别进行区别对待。如，对与意识形态关联度最为密切的宣传性出版产品，政府可以严格控制价格的制定，以利于党和政府对人民群众进行有效的政治教育和思想引导，维持人民群众意识形态的统一；对与意识形态关联度较强的服务性出版产品，政府可以进行指导，适当放宽对其定价限制，实行弹性定价；

对与意识形态关联度不大的经营性出版产品，则可以完全实行由出版经营主体自主定价。

六、建立出版业市场退出管理机制

我国出版业虽然实行严格的市场准入制度，但是，由于体制原因，难以建立有效的市场退出机制。出版机构会给地方政府带来经济利益，帮助地方政府解决就业问题，为地方财政增加收入，所以，地方政府为了自身利益会对这些出版机构百般呵护。出版集团基本是按照行政区划和部门主管组建而成，地方政府及主管部门出于地方利益和部门利益的需要，会千方百计对其实施保护，防止它们被市场淘汰。因此，在地方政府和主管部门的极力维护下，出版业不会轻易退出市场，也就难以建立有效的市场退出机制。

为维护我国出版业的良性竞争环境，增强出版业的竞争实力，维持市场的公平竞争，充分保护消费者的合法权益，政府应当运用市场竞争优胜劣汰的规律，积极引入企业破产机制，使经营不善、不能适应市场竞争的出版机构退出出版市场，以构筑规范的出版业反垄断竞争体系。政府应发挥管理职能，引导出版市场良性发展，积极促使出版业吸收优质资产，为出版业发展构建有效竞争、自由竞争的良性环境，并结合市场淘汰机制，利用市场多方压力，有效促进出版机构解放生产力，提高绩效水平，为我国出版业提高国际竞争实力和落实“走出去”政策做出贡献。

七、激发出版行业协会力量

政府对出版业的管理，除了运用宏观调控和法治手段以外，还应充分利用行业协会和社会组织的力量。政府应积极转变职能，政企分开、政事分开、政社分开，将微观经济事务交还给企业、市场、社会。作为行业自律组织，行业协会应制定自己的组织规定，对行业内企业履行监督管理职责。

我国出版行业协会有出版工作者协会、发行协会等。出版行业协会代表整个出版行业，保护出版行业的利益，也为出版业争取相关合法利益，同时对出版行业进行自律管理。出版业行政管理部门应在充分发挥市场监管职能、产业调控职能的基础上，合理利用出版行业协会的力量对出版业进行辅助管理，将微观职能如技术性职能、事务性职能等转移给行业协会，如建立出版业信息平台，规范职业道德，进行行业自律，组织出版人才的教育培训，对出版市场进行规范，协调各出版机构的发展，参与出版业立法，参与制定出版行业规划，制定出版行业标准，负责出版业国际交流与合作，等等。同时，政府应在法律层次确立出版行业协会的合法地位，从而使出版行业协会有效发挥自身的作用、担负起自身的职责。

应当明确，行业协会需要政府的支持和保障，建立行业协会并不意味着出版业不需要政府的行政管理。行业协会属于民间组织性质，必须要得到法律、法规和相关权力机关的授权才能有效发挥自身的功能，在政府与行业机构之间起到桥梁和纽带的作用。出版业政府主管部门应当加快转变政府职能的步伐，把工作重点放在宏观调控、完善法律法规体系、建设市场制度上，逐步下放权力，从直接管理转变为加强监督，为出版业行业协会的运作创造空间，重视行业协会在行业管理上的作用，充分激发行业协会的自律性和自觉性，从而建立科学、合理、健康的市场经济体制。

八、健全出版业公共服务体系

建设完善出版公共服务体系是政府核心职能之一，出版业公共服务体系是现代政府公共服务体系的重要组成部分，政府应努力创造保障产品生产和服务实现的良好公共环境。我国政府对公共文化服务体系建设一向高度重视，做出农家书屋建设、全民阅读活动、少数民族出版工程、信息资源共享平台建设等一系列战略部署，构建了多层次、多渠道的公共文化服务体系。

出版业公共服务体系建设应包括三方面的内容：第一，公共服务效能不断增强。出版业应在政府主导下，积极承担起公共服务职责，加快公共服务设施建设，拓宽公共服务渠道，丰富公共服务内容，保障老年人、进城务工人员以及盲人等特殊群体的文化权益，创新公共服务形式，提升公共服务质量。第二，大力推广全民阅读活动。通过打造“书香中国”全民阅读活动品牌，推动全国各地开展读书节、读书月、图书展览会等活动，充分发挥大家学者的文化引领作用，营造良好的社会阅读风尚。第三，积极推动农家书屋建设。政府应加大对农家书屋的投入力度，根据人民群众的阅读需求，提升农家书屋与大众需求的贴合度，提升农家书屋的服务效能，使出版业在农村经济发展过程中发挥重要作用。

九、积极实施“走出去”战略

出版业作为社会主义文化建设的重要方面，应该充分利用自身优势，走出国门，走向世界。政府应鼓励文化产业“走出去”，积极开拓国际文化市场，积极推动出版业高水平“走出去”，加强出版业国际交流与合作，打造国际化出版基地，扩大版权输出，将我国光辉灿烂的文明展示给世界人民，将我国的优秀文化传递给世界人民，从而有效增强我国的文化实力和国际竞争能力，为我国社会主义文化建设贡献力量。

第一，不断优化出版产品内容。首先，要把好选题关，对选题的内容质量和出版价值，要从多个层面进行全面审核和论证，从而保证选题的质量，提升选题的价值。要注重海外图书市场调研，根据海外读者的需求和阅读习惯，为海外读者打造具有针对性的主题出版产品。其次，应对主题出版融合产品的政治导向、思想价值和内容质量严格把关，严格执行“三审三校”制度，坚持出版产品高质量发展，通过“走出去”提升出版产品内容质量和水平，从而让世界更好地了解真实、立体、全面的中国。

第二，创新出版产品的出版形式。要根据不同区域、不同国家、不同受众的特点，充分运用数字技术、新兴科技，创新更加丰富的形式，将图书文字背后的知识更多地链接给海外读者，让海外读者获得更加生动的阅读体验，从而增强我国出版产品的传播效果。

第三，创新出版产品“走出去”的渠道。出版融合发展是出版机构传播主流价值观的重要方式，应进一步健全出版科技创新体系，通过全媒体传播，牢牢抓住海外读者的求知心理，进一步提高海外读者的参与度，增强国际出版传播亲和力和实效性。应积极加强同国外出版机构的组织协作，积极构建海外合作渠道，共建出版合作体，提高国内外出版机构的合作深度、拓宽合作广度，从而使我国出版产品以全方位的模式覆盖海外读者，使中华优秀文化在海外读者中广泛传播。

参考文献

专著文献：

[1] 王晨.中国出版业的产业竞争与政府规制[M].北京：中国书籍出版社，2009.

[2] 王雅丽，毕乐强.公共规制经济学[M].北京：清大学出版社，2011.

[3] 奥弗贝克.媒介法原理[M].周庆山，等，译.北京：北京大学出版社，2011.

[4] 吴曼芳.媒介的政府规制[M].北京：中国电影出版社，2008.

[5] 余敏.国外出版业宏观管理体系研究[M].北京：中国书籍出版社，2004.

[6] 密尔. 论自由[M]. 许宝骙,译. 北京:商务印书馆,2011.
[7] 穆勒. 论自由[M]. 孟凡礼,译. 桂林:广西师范大学出版社,2011.
[8] 臧传琴. 政府规制:理论与实践[M]. 北京:经济管理出版社,2014.
[9] 郑成思. 知识产权论[M]. 北京:法律出版社,2007.

其他类文献:

[1] 何明星,李爽. “小舢板”何以闯大洋? ——国外中小出版社的发展之路考察[J]. 出版广角,2012(8):35-40.
[2] 胡伟,程亚萍. 我国出版监管制度之反思与完善[J]. 出版科学,2013(2):57-63.
[3] 黄先蓉. 我国出版宏观管理的现状、问题及对策研究[J]. 出版科学,2008(3):6.
[4] 赖政兵. 中国出版业制度创新研究[D]. 南昌:江西财经大学,2012.
[5] 雷永利,樊娟. 国外知名大学出版社管理模式探究[J]. 出版发行研究,2017(8):81-84.
[6] 刘大年. 当代西方出版产业政策:变迁与趋势[J]. 现代出版,2015(4):10-13.
[7] 刘军,顾永才. 试论我国宏观出版管理创新[J]. 科技与出版,2008(7):33-36.

[8] 柳斌杰. 中国出版业的重构与展望[J]. 中国出版,2009(5):7-11.
[9] 龙正林. 义务教育教科书出版监管的立法建议与思考[J]. 出版广角,2014(2):80-81.
[10] 罗紫初. 中外出版业经济政策比较[J]. 大学出版,2004(1):29-32.
[11] 马驰. 南京国民政府时期(1927—1937)新闻出版立法解读[D]. 重庆:西南政法大学,2007.
[12] 齐畅. 书号实名申领在出版监管中的问题研究[J]. 出版广角,2013(21):79-81.
[13] 齐畅. 图书出版监管中的书号申领研究[D]. 南京:南京理工大学,2011.
[14] 齐畅. 信息技术在专业出版中的作用[J]. 科技传播,2014,6(21):55,66.
[15] 齐畅,孙浩. 出版传媒集团资本运作及运营新模式的思考[J]. 出版广角,2013(2):58-60.
[16] 齐畅,孙浩. 信息不对称视角下图书出版发行研究[J]. 新闻传播,2022(3):67-68.
[17] 齐畅,孙浩. 智媒时代出版人才职业技能提升探究[J]. 记者观察,2022(24):31-33.
[18] 强月新,刘莲莲. 我国媒介规制的结构、问题及制度性根源[J]. 武汉大学学报(人文科学版),2013(2):105-109.
[19] 饶世权,刘咏. 我国文化产业政府监管的现状、问题与完善对策[J]. 出版科学,2015,23(2):14-20.

[20] 苏磊. 论我国出版业的行政规制[D]. 北京：中央民族大学，2013.

[21] 孙浩，齐畅. 大学出版社如何做好主题出版[J]. 今传媒，2022，30(7)：75-77.

[22] 王立平. 国外出版社编辑流程分析(一)：以布莱克威尔出版有限公司接受作者投稿的程序为例[C]. 中国编辑学会第 12 届年会会议论文，2007：90-95.

[23] 王怡. 从传统出版到数字出版的产业政策研究[D]. 昆明：云南大学，2018.

[24] 肖东发，张文彦，于文. 借鉴国外出版创新经验，提升我国文化发展软实力[J]. 编辑学刊，2012(2)：6-11.

[25] 熊璞刚. "十二五"初期图书出版产业分析[J]. 中国编辑，2014(1)：47-51.

[26] 姚德权. 基于执政安全视野的新闻出版规制问题研究[D]. 长沙：湖南师范大学，2005.

[27] 张新华. 转型期中国出版业政府规制分析[J]. 北京印刷学院学报，2010(1)：20.

[28] 张子涵. 我国传统出版行业政府监管政策研究[D]. 昆明：云南大学，2014.

[29] 朱绍昌. 政府在促进图书出版业发展中的管理作用研究[D]. 苏州：苏州大学，2009.

感谢恩师孙浩先生给予我的教诲鞭策和鼓励

感谢我的父亲给予我选择人生的勇气和力量

感谢我的母亲给予我无微不至的关怀和照顾

感谢宝贝们给予我再一次成长的机会和动力

感谢亲爱的自己坚定地选择相信生活相信爱

感谢生命中所有的遇见__________________